LES COMBATS

DE HALIJAS ET DE ZEWIN

1954 — PARIS, IMPRIMERIE LALOUX Fils et GUILLOT

rue des Canettes, 7

...ICATION DE LA RÉUNION DES OFFICIERS

LES
COMBATS DE HALIJAS

ET

DE ZEWIN, EN ARMÉNIE EN 1877

(Publiés par le baron RUDOLF VON SCHLUGA, dans la *Revue militaire autrichienne de Streffleur*)

TRADUIT PAR J. BORNECQUE

Capitaine au 1ᵉʳ régiment du génie

PARIS

LIBRAIRIE MILITAIRE DE J. DUMAINE

ÉDITEUR

30, RUE ET PASSAGE DAUPHINE, 30

1880

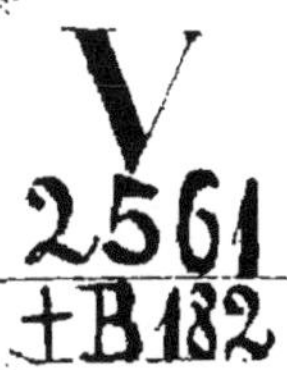

LES
COMBATS DE HALIJAS

ET

DE ZEWIN, EN ARMÉNIE EN 1877

(Publiés par le baron RUDOLF VON SCHLUGA, dans la *Revue militaire autrichienne de Streffleur*)

TRADUIT PAR J. BORNECQUE

Capitaine au 1er régiment du génie

PARIS

LIBRAIRIE MILITAIRE DE J. DUMAINE

ÉDITEUR

30, RUE ET PASSAGE DAUPHINE, 30

1880

PRÉFACE

Lorsqu'au printemps de 1877, la Russie se décida à déclarer la guerre à la Turquie, celle-ci se trouvait dans une situation extrêmement critique. On savait en effet que la Russie, malgré les tentatives sans sanction et sans énergie faites par les puissances européennes pour aplanir le différend, ne se laisserait pas détourner de son dessein, que facilitaient au plus haut point les conditions particulièrement dangereuses où se trouvait la Turquie, menacée dans son existence et nullement préparée à défendre les frontières très étendues de son empire.

Il existait, il est vrai, dans le vilayet du Danube, une armée numériquement suffisante, protégée par des forteresses puissantes et bien armées, mais le gouvernement était hors d'état de mettre à sa disposition les ressources pécuniaires nécessaires pour se procurer la cavalerie et les moyens de transport sans lesquels cette armée ne pouvait se livrer à aucune opération sérieuse. Sous beaucoup d'autres rapports encore, le gouvernement turc n'était pas préparé à cette guerre, qui devait inévitablement avoir la Turquie pour théâtre. Le réseau des voies ferrées et des routes, si faciles à établir et absolument indispensables, était loin d'être satisfaisant; on avait commencé des travaux de fortification passagère sur les principales lignes de défense du pays seulement au moment où l'approche de l'ennemi ne permettait plus de les achever; le service des approvisionnements, qu'il aurait été si facile d'organiser régulièrement au moyen des trois ports de mer : Varna, Constantinople et Dedea-gatsch (Enos), reliés à l'intérieur par des chemins de fer, demeura toujours à l'état de problème pour l'armée du Danube. Aussi le manque de vivres, joint aux autres causes, eut pour conséquence que, dans la première partie de la campagne du Danube, il ne fut pas une seule fois possible d'utiliser, dans une offensive sérieuse, la supériorité des armes ottomanes sur les Russes, opérant au début avec des forces trop faibles et ébranlés ensuite par les combats sanglants de Plewna et de Kezanlyk.

Et pourtant, dans la pensée de l'auteur du plan d'opérations turc, l'armée du Danube paraissait destinée à gagner la rive gauche de ce fleuve dans des circonstances favorables, et à prendre l'offensive sur les derrières de l'adversaire, en menaçant ses communications. Ce dessein impliquait naturellement la concentration du gros des Turcs près du cours d'eau, afin de prendre en flanc l'ennemi dans la direction choisie pour son déploiement.

Mais si l'on prit si mal ses dispositions dans la partie européenne de l'empire ottoman pour combattre un adversaire aussi dangereux que la Russie, il n'est pas étonnant que sur le théâtre de la guerre asiatique, qui n'avait qu'une importance secondaire aux yeux des ministres turcs, on ait *complètement* négligé toute espèce de préparatif jusqu'au moment de la déclaration de guerre.

Les seules mesures prises à ce point de vue par l'administration militaire consistaient dans l'armement et l'approvisionnement presque complet de la place de *Kars*, à laquelle on travaillait depuis un an, et dans la mise en état du port de guerre de *Batum*. Tout le reste : mobilisation, déploiement, armement, habillement, ravitaillement du 4ᵉ corps d'armée, auquel était confiée la garde des frontières occidentales, rassemblement des attelages de l'artillerie et des animaux de bât, levée et organisation des troupes de redifs et de mustafiz (réserve et territoriale), ainsi que de la cavalerie irrégulière, tout cela était laissé à la discrétion du muchir Achmed-Mouktar-Pacha, nommé commandant général de l'Arménie au commencement de mars.

Il ne sera pas sans intérêt de jeter un coup d'œil sur le passé de ce général qui, dans l'accomplissement d'une des missions les plus difficiles à remplir dans l'état actuel de l'art militaire était appelé à tenir haut l'honneur des armes ottomanes et à faire de la défense de l'Arménie un des exemples de l'histoire militaire les plus féconds en enseignements.

Mouktar était né en 1837, à Brousse (Anatolie), de la famille patricienne des Chatyrdochi-Oghlu, qui, fixée depuis longues années dans cette localité, y avait acquis une grande réputation. Les parents de Mouktar étaient en général fabricants ou négociants d'étoffes de soie.

Son grand-père, Hadschi-Ibrahim-Agha, président de la corporation des négociants en soieries de Brousse, se chargea, en 1845, à la mort de Hadschi-Cholil-Agha, père de Mouktar, du sort de ses petits-fils, Mouktar et un de ses frères, plus âgé d'un an que ce dernier, et il les destina tous deux à l'état militaire. Les deux enfants suivirent les cours de l'école militaire préparatoire de Brousse jusqu'en 1855, où ils furent envoyés à l'école de guerre de Constantinople. Ils y demeurèrent quatre ans comme élèves et un an comme sous-lieutenants. Mouktar fut toujours cité parmi les plus capables ; classé en 1860 comme capitaine d'état-major il fut envoyé au Montenegro, où le vieux généralissime Omer-Pacha avait commencé la campagne qui se termine par le succès des armes ottomanes.

Le jeune officier d'état-major trouva là l'occasion d'apprendre la guerre de montagnes de la manière la plus complète, et il est possible que cette première impression ait laissé dans son esprit des traces assez profondes pour donner naissance à un système de défensive (souvent appliqué depuis par le futur maréchal) qui est passé dans le sang de l'armée turque et avec lequel l'art militaire moderne a été obligé de compter. Il est vraisemblable aussi que l'expérience de cette première campagne a formé la base de la persévérance, de l'activité infatigable, de la patience qui caractérisent Achmed-Mouktar ; mais il est certain que ces qualités ont souvent contribué à lui assurer la victoire et les honneurs.

Au défilé d'Ustruk, dont le jeune capitaine s'empara par surprise avec quelques cavaliers, et qu'il défendit jusqu'à l'arrivée de renforts, malgré la supériorité numérique de l'ennemi, Mouktar fut grièvement blessé par deux balles. La campagne s'étant terminée sur ces entrefaites, Mouktar reçut la décoration de l'ordre du Medjidié, fut nommé adjudant-major (kolaghesy) et désigné pour remplir l'emploi de professeur d'astronomie, de fortification et d'architecture militaire à l'école de guerre. Pendant le temps de son professorat, qui dura un an, son amour pour l'astronomie, cette science des anciens Arabes, dont il descendait, se manifesta à tel point que les lois générales de cette science, qu'un Copernic, un Galilée et un Herschel avaient seuls pu formuler à l'aide des progrès humains accomplis dans le domaine des sciences positives, étaient déjà tracées dans le Coran et étaient compréhensibles pour ceux qui avaient pu pénétrer l'esprit de cette grande tradition. Le jeune professeur jeta alors la base d'un ouvrage astronomique devant comprendre deux grands atlas, qui ne furent publiés qu'en partie à cette époque, en attendant le moment où l'auteur ait des loisirs suffisants pour achever son œuvre.

En 1864, nous trouvons Mouktar major (bimbaschi) et chef d'état-major de la division organisée, envoyée dans la Syrie du nord, sous les ordres de Derwisch-Pacha (le défenseur de Batum en 1877), pour pacifier cette région, que de nombreux combats sanglants, que se livraient entre elles les différentes sectes, entretenaient dans un état d'anarchie complète. Le succès relativement rapide et complet de cette expédition, dont toutes les journées furent marquées par des combats, fut dû surtout à l'activité énergique et prévoyante du chef d'état-major, qui, après l'accomplissement de sa mission, fut nommé lieutenant-colonel (kaïmakam) par le sultan Abdul-Aziz et chargé de l'éducation de son fils aîné, le prince Jussuf-Izeddin (1865). Ce fut, pour Achmed-Mouktar, une période de grande abnégation et de dévouement patriotique que celle où il consentit à se charger pendant deux ans et demi d'un emploi auquel son caractère fortement trempé dans les dernières guerres, et parfaitement étranger aux intrigues des cours et au métier de courtisan, n'avait nullement été préparé par ses études sérieuses et son passé consacré aux choses de la guerre. Il accompagna, en 1867, le sultan dans son voyage en Europe et en rapporta les décorations de la Légion d'honneur, de la Couronne de fer et de l'Aigle rouge.

Mouktar fut ensuite employé comme commissaire chargé de la régularisation des frontières du Montenegro. En cette occasion, ses talents, sa connaissance du pays et son coup d'œil militaire rendirent à la Porte des services signalés dans le tracé définitif des frontières en litige. Il en fut récompensé par le grade de colonel et appelé à siéger au conseil supérieur de la guerre à Constantinople.

Il était à peine depuis trois mois à ce poste lorsqu'il fut nommé général de brigade (liwa) et adjoint à Redif-Pacha, commandant de l'expédition du Yemen. Rédif-Pacha tomba malade presque aussitôt après que les troupes furent débarquées en Arabie, de sorte que toute la responsabilité du commandement incomba à Mouktar Pacha. Celui-ci battit dans des combats de montagnes le scheik Mehemed-Ibn-Aïd, le chef des insurgés, après une marche de trois jours très périlleuse, dans des défilés, et il finit par enlever d'assaut une position réputée imprenable. Après avoir expulsé les Arabes de toutes leurs positions, il força les uns à se soumettre et il extermina les autres: Lorsque la maladie força Redif-Pacha à quitter le Yemen, Mouktar, qui, sur ces entrefaites, s'était emparé sans coup férir de la capitale du pays, Sana, venait d'être nommé commandant de corps d'armée (muchir), gouverneur du Yemen, et décoré de l'ordre de l'Osmanié en brillants.

Après trois années d'activité non interrompue, qui permirent d'organiser la province pacifiée, Mouktar quitta le Yemen pour prendre possession du ministère des travaux publics, auquel il venait d'être appelé. Mais sa nomination ayant été annulée pendant son voyage, lorsqu'il arriva à Constantinople, il apprit qu'il était nommé gouverneur de l'île de Crète. Il n'était pas encore arrivé à la Canée, qu'on disposa encore de lui pour un autre emploi et qu'il fut désigné pour commander le 2ᵉ corps d'armée, à Schumla.

Mouktar-Pacha demeura treize mois dans cette place, qui est redevable à ses soins éclairés et persévérants de tous les travaux de fortification qui y furent accomplis. Il fut appelé ensuite au commandement du 4ᵉ corps d'armée et nommé gouverneur d'Erzerum, où il resta de nouveau treize mois. C'est alors qu'il fut nommé commandant de l'armée qui opérait en Herzégovine et contre le Monténégro. Avec des forces peu nombreuses, entouré de tous côtés par les insurgés, le général en fut réduit tantôt à expulser les Serbes de la Bosnie, tantôt à s'opposer avec toutes ses forces à l'offensive des Monténégrins, tantôt enfin à dégager quelques-uns de ses détachements, entourés de tous côtés. Malgré toutes ces entraves, plus de vingt combats victorieux firent preuve de l'habileté du commandant et de l'intrépidité du guerrier. Après la bataille d'Urbica, où, par suite d'un malentendu d'un général de brigade, l'aile droite de Moutkar fut battue, il s'éleva à Constantinople une violente cabale contre le vaillant général. Elle aboutit à faire nommer Mouktar gouverneur de la Crète, mais il n'y demeura que dix jours et fut rappelé à Constantinople, où son expérience et ses conseils étaient indispensables, au moment où il s'agissait de faire la paix avec le Monténégro, en présence de l'attitude menaçante de la Russie.

C'est alors que Mouktar obtint définitivement le commandement du 4e corps d'armée en Arménie.

Au début de la guerre, Achmet-Mouktar-Pacha était âgé de quarante ans. C'est un vrai soldat, dans le meilleur sens du mot; il est habitué à supporter facilement toutes les fatigues de la guerre et à vivre comme un simple officier au milieu de ses compagnons d'armes. Il est juste envers ses subordonnés et plein d'un patriotisme ardent et dévoué; enfin, il s'occupe uniquement de prendre les dispositions nécessaires pour triompher de son adversaire et assurer le bien-être de ses soldats.

LES

COMBATS DE HALIJAS

ET DE ZEWIN, EN ARMÉNIE EN 1877 [1]

I

Préparatifs de la guerre. — Evènements du mois de mai.

Pendant les négociations de paix avec le Monténégro à Constantinople, Mouktar ne put consacrer que la moindre partie de son temps aux préparatifs de la guerre et aux intérêts du 4ᵉ corps d'armée. Il ne parvint pas d'ailleurs à ébranler la sérénité profonde du cercle turc compétent, qui non-seulement ne voulait pas croire à la guerre, mais encore s'opposait à toute organisation des mesures de prévoyance les plus importantes et les plus urgentes. La question du per-

(1) L'auteur de ce récit a été témoin oculaire des faits qu'il rapporte. De plus, en sa qualité d'ancien officier de l'armée autrichienne, il a pu traiter avec compétence les diverses questions d'organisation, d'administration, d'instruction, de fortification, de stratégie et de tactique, qu'il décrit avec tous les détails qui peuvent intéresser les militaires. La lecture de cet article dans la *Revue autrichienne de Streffleur* nous a paru très instructive, et nous avons cru rendre service à nos camarades en leur en donnant la traduction dans le *Bulletin,* d'autant plus que le théâtre des opérations de la dernière guerre russo-turque

sonnel surtout était traitée de la manière la plus périlleuse. Comme chef d'état-major en Arménie, il y avait l'ex-colonel autrichien Kollmann, qui avait été nommé général de division (ferik) sous le nom de Mehemed-Feizi-Pacha. C'était un officier âgé et capable, qui était sorti en 1827 de l'Académie militaire de Wiener-Neustadt, comme sous-lieutenant au 52ᵉ régiment d'infanterie de ligne, et qui avait servi plus tard dans l'armée autrichienne comme officier d'état-major, et dans l'armée des Honveds, comme colonel d'état-major en 1848 et 1849. A la fin de l'insurrection hongroise, il se fit mahométan et entra dans l'armée turque, où il était lieutenant-colonel, chef d'état-major de Kars pendant la défense héroïque de cette place en 1855. Dans les années suivantes, il rendit des services très-précieux dans les divers travaux d'organisation et de fortification de Kars. Mais arrivé à l'âge de soixante et onze ans, ce général, qui célébra pendant la guerre son jubilé de cinquante ans de services, n'était plus capable de supporter les fatigues de la guerre, et il était désormais plus apte au rôle de conseiller qu'à celui de commandant des opérations.

Le manque de *sous-ordres* était complet en Arménie ; les quelques généraux qui s'y trouvaient étaient ou vieux et infirmes, ou valides et braves mais peu militaires. Pas un d'eux ne pouvait à aucun point de vue remplacer ni seconder le commandant. A Constantinople, Mouktar Pacha chercha à

en Asie est fort peu exploré, probablement faute de documents s'y rattachant. Aussi les éléments qui se rapportent aux faits racontés par le baron de Schluga seront précieux pour ceux qui voudront écrire l'histoire de cette guerre, et il serait à souhaiter qu'on en possédât d'aussi complets pour toutes les opérations qui eurent lieu aussi bien en Europe qu'en Asie.

Il est facile de voir que l'auteur a suivi la campagne avec l'état-major turc, et la seule critique qu'on puisse lui adresser est précisément d'avoir glissé sur certaines fautes et certains défauts des Turcs.

(Note du traducteur).

compléter son cadre d'officiers généraux ; mais tous ceux qui étaient capables et protégés étant employés sur les théâtres de guerre européens, il ne put naturellement faire son choix que parmi les disponibles. Mais il ne voulut pas se résigner à une pareille extrémité, et il parvint à se faire donner Chefket-Pacha, alors disponible et connu par sa répression sanglante contre les Bulgares soulevés en 1876, ainsi que les deux généraux Hadschi-Raschid-Pacha et Mustafa-Savfet-Pacha, désignés d'abord pour l'armée du Danube.

Il lui fut bien plus difficile encore d'obtenir l'argent et de faire décider l'adoption des mesures les plus indispensables pour la mobilisation du 4ᵉ corps d'armée. Aussi, en présence des difficultés insurmontables de sa position, Moutkar allait résigner son commandement, lorsqu'à la fin de mars, des nouvelles dignes de foi ne laissèrent plus aucun doute sur l'ouverture prochaine des hostilités avec la Russie.

Dans ces conditions, Mouktar Pacha quitta Constantinople le 26 mars et arriva à Erzerum le 7 avril, où il resta jusqu'au 16. Pendant son séjour, il s'occupa de prendre les dispositions les plus urgentes pour la mobilisation et les mesures de sûreté. C'est ainsi qu'il ordonna avant tout de concentrer les bataillons de redifs déjà formés aux environs de Kars et de Bayezid, et d'appeler immédiatement les hommes de la dernière réserve et de les former en bataillons. En même temps, il rassembla la cavalerie tscherkesse irrégulière du pays et la plaça sous le commandement des deux généraux de brigade Musa-Pacha et Ghazi-Méhemed-Pacha, fils de Schamyl. Bien que ces dispositions fussent mises peu à peu à exécution par le gouverneur et les autorités locales, ce n'est qu'au commencement de juin qu'arrivèrent dans les divers corps les premiers renforts provenant des troupes de réserve.

Il y a lieu de faire certaines remarques au sujet de la formation des trains de l'armée : on décida à ce sujet que chaque bataillon se procurerait directement le nombre d'animaux de bât qui lui était nécessaire pour le transport de ses bagages. Pour les colonnes d'approvisionnements, on acheta et l'on employa des animaux de bât, des chariots à deux roues en usage dans le pays et traînés par des bœufs, mais de préférence des caravanes avec des chameaux.

Pour compléter la mise en état de défense d'Erzerum, on ne pouvait procéder qu'avec la plus grande lenteur, vu le manque de forces disponibles pour le travail et eu égard à l'état déplorable de la chaussée d'Erzerum, dans les défilés couverts de neige où depuis plusieurs semaines les pièces lourdes de position restaient embourbées.

Mouktar-Pacha quitta Erzerum le 16 avril, arriva à Kars le 18, et s'occupa aussitôt des mesures nécessaires pour assurer la sécurité, pour renforcer les fortifications et compléter la garnison de cette place.

La garnison de cette forteresse comptait 29 bataillons de 500 hommes, appartenant pour la plupart aux régiments de Nizams (ligne) du IVe corps, 3 escadrons de cavalerie régulière, avec environ 300 bourgeois de Kars de cavalerie volontaire, 5 batteries de campagne à 6 pièces, dont 3 batteries seulement étaient attelées, soit un total de 20.000 hommes, y compris l'artillerie de forteresse et la gendarmerie (zaptiés). Cette garnison formait 2 divisions comprenant 5 brigades d'infanterie et 1 de cavalerie, et elle fut placée sous le commandement du général de division Hussein-Hami-Pacha.

Dans la nuit du 23 au 24 avril, c'est-à-dire avant que la déclaration de guerre fût parvenue à Constantinople et sans que le commandant supérieur des forces turques eût été prévenu de l'ouverture des hostilités, les Russes traversèrent l'Arpa-Tochaï, surprirent les trois escadrons placés en formation de cordon sur la rive gauche et les firent en grande partie prisonniers. Le lendemain, la colonne russe du centre, comprenant la division de grenadiers du Caucase, les 19e, 38e et 40° divisions d'infanterie, se répandit dans la plaine de Kars. La 41e division d'infanterie se tenait devant Batum ; la 20e, dans les environs de Sukhum-Kalé ; la 21e à l'intérieur du Caucase, et la 39e, sous le général Tergoukasoff, vers Bayezid.

Mouktar sortit de Kars dans la nuit du 28 au 29 avril, parce qu'il craignait d'être enfermé dans la place et d'être ainsi empêché d'organiser la résistance. Il emmena avec lui les troupes en excédant pour la défense et consistant en 9 bataillons d'infanterie, 60 cavaliers et 1 batterie de montagne de 6 pièces, en tout 5.000 hommes. Cette faible colonne fut poursuivie par la cavalerie russe jusque sur les hauteurs de Soghanly-Dagh, sans que pourtant il en résultât un engagement sérieux. Le général en chef turc parvint à traverser les défilés de ces hautes montagnes et à prendre position à leur sortie occidentale sur le plateau élevé et couvert de neige de Hunkiar-Düzü.

Mais avant de parler des évènements qui se passèrent dans le courant du mois de mai, il est indispensable de jeter un coup d'œil sur la conformation du terrain où se déroulèrent les opérations qui font l'objet de ce récit. Une carte du théâtre de la guerre en Arménie en rendra le détail plus intelligible. (Voir la carte n° 1.)

Erzerum, capitale de l'Arménie, est une ville de 35.000 habitants, située sur un vaste plateau oblong d'environ 400 kilomètres carrés, à une altitude de 2.000 mètres au-dessus du niveau de la mer. Ce plateau est enfermé de tous côtés, à l'exception de celui du sud-ouest, dans une ceinture de montagnes élevées, la plupart très escarpées et impraticables. Le Kara-Su, affluent occidental de l'Euphrate, gagne

par le défilé de Gurdschi-Boghaz les plaines élevées qu'il
quitte en coulant vers le sud-ouest et en traversant une
série de chaînes de montagnes de hauteur moyenne. L'a-
gencement sud du plateau appartient aux montagnes du
Jaghmur-Deresi (vallée de la Pluie), et il n'y a pas lieu de
l'examiner ici. La partie ouest est formée par la chaîne du
Deve-Bojnu (col de Chameau), haute de plus de 2.500 mètres,
à travers laquelle passe la route principale qui conduit
à Kars; enfin la partie nord-est est constituée par l'extrémité sud-ouest des chaînes Gurdschi-Dagh et Kiretschli-
Dagh, hautes de 2.200 à 2.800 mètres et s'étendant du sud-
ouest au nord-est. Cette dernière chaîne partage en deux
vallées le pays situé au nord et à l'est d'Erzerum et derrière la ceinture de montagnes; la vallée du nord suit le
cours de l'Olti-Suju, affluent du Tschoruk - Tschaï, qui se
jette dans la mer Noire, près de Batum, et elle se termine
à 70 kilomètres environ au nord-est par le Kanly-Dagh
(montagne du Sang), chaîne de 2.800 mètres de hauteur qui
forme la ligne de séparation des eaux entre le Tschoruk et
le Kur. La vallée du sud passe immédiatement derrière le
Deve-Bojnu de l'ouest à l'est, suit le cours du Kalé-Suju sur une
longueur d'environ 70 kilomètres vers le nord, où elle est
arrêtée par le Soghanly-Dagh (montagne des Oignons). Mais
vers le sud elle s'étend jusqu'au Kieuse-Dagh et suit le cours
de l'Araxe, qui, après avoir reçu le Kalé-Su à Tschoban-
Kœpru, se fraye un passage à travers les rochers de Kaghyz-
man formés au nord par le Soghanly et le Karakusch-Dagh,
au sud, par le Kieuse et le Schach-Jol-Dagh. De concert avec
le Kanly-Dagh, le Soghanly forme ainsi une deuxième bar-
rière sensiblement parallèle au Deve-Bojnu et située seulement à 85 kilomètres plus au nord-est.

Les routes partant d'Erzerum et se dirigeant vers l'est sont
les suivantes :

La première conduit, après avoir traversé le Gurdschi Boghaz, dans la vallée profonde d'Olti (500 mètres), puis arrive au Kanly-Dagh, qu'elle franchit derrière la localité nommée Pennek, et tombe au nord-est dans la vallée de Kur, qui se termine au delà d'Ardahan, dans l'empire russe.

Une deuxième traverse directement à Erzerum le Deve-Bojnu, suit le haut plateau (1.800 mètres) de Hassan-Kalé pendant 27 kilomètres, franchit à l'extrémité est de ce plateau un contrefort assez bas s'avançant jusqu'au fleuve, et atteint Keuprikeuï au bout de 14 kilomètres. Cette route se bifurque alors : la plus au nord passe par-dessus les mamelons méridionaux des monts Kirestchli pour arriver à Zewin (36 kilomètres), sur le Chansuju, affluent septentrional de l'Araxe, traverse celui-ci et détache un embranchement plus au nord sur Karaurghan et Ieni Keuï (18 kilomètres), située directement au pied du Soghanly. La branche sud arrive à Mendschingerd (13 kilomètres), également à l'extrémité sud des défilés du Soghanly. De Keupri Keuï, une deuxième voie de communication tirant directement vers l'est conduit sur la rive gauche de l'Araxe jusqu'à Chorassan (23 kilomètres), d'où une branche suivant les hauteurs occidentales qui bordent le Chan-Suju arrive à Zewin (14 kilomètres), tandis qu'un autre embranchement, traversant le Chan-Suju, conduit à Mendschingerd (14 kilomètres).

Les deux routes qui aboutissent à Ieni Keuï et à Mendschingerd franchissent alors le Soghanly Dagh; la plus au nord, suivant toujours les pentes septentrionales des montagnes de Kars, qui séparent la vallée du Kur avec Ardahan de la plaine de Kars, atteint cette dernière place après un parcours de 63 kilomètres. La route du sud, après avoir traversé le Soghanly Dagh à Sary Kamisch, se déroule dans la vallée de Kars et se réunit, non loin de cette place (61 kilomètres), avec la route du nord.

Tandis que les routes d'Erzerum à Kars que nous avons citées, arrivées à Keupri Keuï, restent sur la rive gauche de l'Araxe, une autre communication partant de ce nœud traverse le fleuve sur un pont voûté très ancien et très solide, nommé Tschoban Köprü (pont des Païens), et, suivant la rive droite, plus élevée, en forme de plateau, arrive aux passes d'Hadschi Chalil, Kara Derbend et Delibababoghaz (30 kilomètres), à l'aide desquelles on traverse la ceinture de montagnes fort escarpées qui entoure les sources de l'Euphrate oriental (Mourad) et qui constitue les étages principaux des Scherian Dagh, Kieuse Dagh et Schach Jol Dagh. La campagne à l'est de ces chaînes de montagnes hautes de 2.900 à 3.200 mètres, s'appelle Alaschgerd ; la route, qui constitue la principale voie de communication entre l'Arménie et la Perse, se dirige vers le sud-est à travers la vallée du Mourad et du Dalykla jusqu'à Bayezid (185 kilomètres).

En été, l'ensemble de ces communications est assez praticable, bien que dans les vallées on ne s'occupe pour ainsi dire pas de l'entretien des routes, qui ne sont d'ailleurs pas autre chose que de larges chemins du pays circulant à travers la campagne et les pentes pierreuses des contreforts des montagnes. Pourtant, dans les défilés des montagnes, on travaille presque continuellement à entretenir ces chemins en bon état, et l'on arrive tout au moins à faire évacuer les eaux qui obstrueraient la chaussée sans ces mesures, et à réparer les dommages causés par le temps. La vallée de l'Araxe n'est pas boisée ; les hauteurs qui la bordent consistent en chaînes de rochers pelés, dont les contreforts se composent à leur tour de collines étendues, souvent pierreuses, et dont quelques-unes s'élèvent en pitons coniques ou se terminent en pentes rocheuses abruptes.

La vallée d'Olti est fort boisée, ainsi que le Soghanly Dagh, la région au nord du Kars Tschaï et la vallée du Kur.

Les environs d'Alaschgerd affectent le caractère très prononcé d'un pays alpestre dénudé.

Le pays, très peu peuplé, convient on ne peut mieux à l'élevage du bétail et il est facile, par suite, d'y faire vivre une armée. Il n'y a de terres labourables que dans les plaines, où on les cultive avec beaucoup d'activité et d'intelligence. L'excédant des récoltes antérieures fut réparti dans les places d'Ardahan, Kars et Erzerum, où il suffit dans les premiers temps à nourrir en partie les troupes qui y étaient rassemblées. Bien que peu boisé, le pays ne manque pas d'eau ; seul le bois de chauffage est quelquefois difficile à trouver.

Nous reprenons maintenant le récit des évènements du mois de mai.

Ainsi que nous l'avons dit déjà, Mouktar-Pacha se tenait, avec 5.000 hommes, dans les environs de Hunkiar Düzü ; jusqu'au 20 mai, il n'avait pas réussi à se procurer le moindre renfort.

La situation de la petite armée turque était excessivement précaire. Au quartier général on estimait la force de l'armée russe d'invasion à un chiffre beaucoup plus élevé qu'il n'était réellement, et on lui supposait le dessein de prendre une offensive énergique. En revanche, les Russes ne pouvaient avoir aucune idée de la faiblesse du centre turc, puisqu'à cette époque il aurait snffit d'une division pour anéantir ou tourner ce dernier, tandis que jusque vers le milieu de juin on perdit un temps précieux dans l'inaction. On voit que, dans les deux camps, le service de reconnaissances laissait beaucoup à désirer et que la nombreuse cavalerie russe surtout (48 escadrons) ne fut pas employée convenablement.

Voici les projets que le quartier général turc pouvait prêter aux Russes. Ceux-ci pouvaient occuper le centre sur son front, le tourner à Penneck et à Olti et s'avancer jusqu'à

Erzerum, ou bien, au moyen de leur cavalerie, couper à Baiburt les communications entre Trébizonde et Erzerum, sans
qu'il restât à la petite armée turque d'autre parti à prendre
que de se replier rapidement sur Erzerum. On n'avait aucune
garnison disponible pour Olti et Penneck; au contraire, l'aile
droite turque, à Toprack Kalé, s'était peu à peu renforcée,
parce que le général Tergukasow ne s'était approché que
lentement, de sorte que de ce côté il n'y avait pas à craindre
d'être tourné.

Le 21 mai, le quartier général turc reçut la nouvelle
de la prise d'Ardahan. Il en résultait que la première
hypothèse devenait très vraisemblable, c'est-à-dire que les Russes chercheraient à gagner Olti en traversant le Kanly Dagh.
Avant tout, Mouktar rétrograda de Hunkiar Düzü jusqu'à
Tschakyr Baba; au moyen d'une marche forcée sur Bardes,
il pouvait de là gagner Olti et surprendre l'aile droite russe
si son mouvement n'était pas deviné ou aperçu à temps.

Sur ces entrefaites, la tête d'une colonne de dix bataillons
syriens (v⁰ corps d'armée) était arrivée à Erzerum, et ce renfort s'approchait de plus en plus de l'armée d'opérations. Il
arriva à Olti trois bataillons de redifs syriens et un arménien, ainsi qu'une batterie de campagne; le centre se renforça
de sept bataillons de redifs syriens et un arménien, plus d'une
batterie de campagne et d'une batterie de montagne. Mais,
les Russes ne faisaient pas mine de pénétrer dans la vallée
d'Olti, tandis qu'une reconnaissance faite par Musa-Pacha
dans la plaine de Kars, avec 500 Tcherkesses et deux pièces
de montagne, se terminait le 29 mai à Beghly-Achmed, par
une surprise de l'expédition et la perte des pièces. Il est
vrai que l'on sut ainsi d'une manière positive que le gros de
l'armée russe était encore à Kars; en conséquence la colonne
de l'aile gauche détacha trois bataillons avec une batterie à
Zewin, où dans l'intervalle Mouktar-Pacha avait fait replier

son corps d'armée. Ainsi, à la fin de mai, l'armée turque occupait l'ordre de bataille suivant :

Commandant en chef : le maréchal Achmed Mouktar-Pacha.

Chef d'état-major général : le général de division Mehmed Feizi-Pacha.

A Zewin : 1re division : général de division Achmed Muhlis-Pacha.

1re brigade : général de brigade Schefket-Pacha.	6 bat.
2e brigade : N.	6 —
2e division : général de division. Reïs Achmed Fazyl-Pacha.	
3° brigade : général de brigade Schahim-Pacha :	6 —
4e brigade : colonel Hakki-Bey.	3 —
Cavalerie.	
1re brigade : général de brigade Mustapha Savfet-Pacha.	6 escad. rég. à 50 h.
2e brigade : général de brigade Musa-Pacha.	6 escad. irr. à 100 h.
Artillerie.	
2 batteries de campagne et 1 de montagne.	16 pièces.
Le centre comptait donc en tout.	21 bat. 12 escad. et 16 pèces,

formant un total de 10.500 hommes, 900 chevaux et 16 pièces d'artillerie.

A Olti. .... 1 bat.

A Pennek : 200 hommes
de cavalerie irrégul. kurde. .... 2 escad.

L'aile gauche se compo-
sait donc de .... 1 bat. 2 escad.
soit en tout 500 hommes et 200 chevaux, sans artillerie.

A Alaschgerd : 3ᵉ division, commandée par le général
Mehemed-Pacha.

5ᵉ brigade : général Mus-
tapha Dschawud Pacha. .... 6 bat.

6ᵉ brigade : colonel Akif-
Bey. .... 6 —

Artillerie : 1 batterie de
campagne et 1 de montagne. .... 12 pièces.

Cavalerie : environ 300
cavaliers irréguliers. .... 3 escad.

L'aile droite comprenait
par suite. .... 12 bat. 3 escad. et 12 pièces,
faisant un total de 6.000 hommes, 300 chevaux et 12 canons.

L'armée d'opérations était donc forte de trente-quatre bataillons, dix-sept escadrons et vingt-huit pièces, comptant
dix-sept mille hommes et quatorze cents chevaux.

Le centre se tenait à Zewin, avec la cavalerie en avant
dans le Soghanly Dagh ; les bataillons de l'aile gauche occupaient Olti, et sa cavalerie kurde observait à Pennek les passes de Kanly ; l'aile droite était aux environs de Toprak
Kalé, où le général Tergukasow avait fini par arriver dans son
mouvement très lent sur Bayezid.

On n'était en contact permanent avec les Russes que par
cette aile.

Il y avait d'ailleurs aussi quelques réserves en formation
derrière le front de l'armée, savoir :

A Keupri Keuï : quatre bataillons, sous le commandement du colonel Ziver-Bey.

A Hassan-Kali : trois bataillons, commandés par le colonel Mehmed-Bey. Ces troupes étaient formées des évadés de la garnison d'Ardahan.

A Erzerum : quatre bataillons de redifs, sous les ordres du commandant de la place, général Hadschi-Raschid-Pacha, et un certain nombre de bataillons de mustafiz, qui n'étaient ni armés ni exercés.

Les quatorze batteries du 4e régiment d'artillerie étaient réparties de la manière suivante :

A Kars, 5 batteries avec. . . . . 30 pièces.

A l'armée, 4 batteries 1/2 avec. . . . . 28 —

A Erzerum, pour la défense, 2 batteries 1/2 avec. 15 —

A Ardahan, avait été perdue 1 batterie 1/2 avec. . 9 —

A Beghly Achmed, avait été perdue 1 batterie 1/2 avec. . . . . 2 —

On pouvait donc disposer comme réserve de 11 bataillons, ou 5.500 hommes et de 15 bouches à feu.

II

*Evènements du mois de juin jusqu'à l'offensive turque.
— La position de Zewin. — Opérations à Olti du 4 au
6 juin. — Combat de Sedikian, le 16 juin.*

La position qu'avait choisie Achmed-Mouktar-Pacha pour
le gros de son armée présentait de sérieux avantages au
point de vue stratégique : elle commandait la communication la plus courte entre Kars et Erzerum au point où
se réunissaient ses deux bras conduisant sur Ieni Keuï et
Mendschingerd ; elle ne pouvait être tournée sur son flanc
droit qu'en faisant un détour considérable dans la vallée d'Olti,
et encore dans ce cas le corps de Zewin était lui-même en
mesure d'attaquer, par la ligne la plus courte, la colonne
exécutant le mouvement tournant dans son flanc gauche,
vers Olti ou Nérimen, sans être obligé pour cela d'évacuer
sa position du centre, que la nature avait rendue si forte. Un
adversaire, même de beaucoup supérieur en nombre, ne pouvait tenter aucune diversion sérieuse sur son flanc droit,
parce que dans la vallée profonde du Chorassan, il courait
le danger d'être surpris aussi bien de Zewin que d'Alaschgerd.

En ce qui concerne l'offensive, elle pouvait être prise avec
avantage de Zewin contre Sary-Kamisch, de même qu'il était
facile d'appuyer par un mouvement tournant une attaque de
l'aile droite à Alaschgerd.

Au point de vue tactique, la position permettait d'utiliser
les troupes disponibles de la manière la plus complète et la
plus économique, grâce à sa force naturelle très rare et aux
fortifications élevées avec une activité ininterrompue dans le

courant du mois. Elle obligeait l'adversaire à employer dans tous les cas, pour percer, un nombre de troupes de beaucoup supérieur à celui du défenseur.

Il suffit de jeter un regard sur les figures 2 et 3, donnant le détail du terrain occupé à Zewin, pour apprécier clairement la valeur de cette position.

Le Chan-Suju, affluent de l'Araxe, prend sa source dans le Soghanly-Dagh et forme, à l'ouest des contre forts de cette chaîne de montagnes, une bande de terrain dirigée du nord au sud et presque perpendiculaire à la vallée de l'Araxe. En été, ce fleuve peut facilement être passé à gué presque partout. La vallée du Chan-Suju est souvent étroite et s'élargit rarement; elle forme des espèces de baies dans les hauteurs qui la bordent, hauteurs escarpées sur les deux rives et par endroits hérissées de rochers et de ravines. Au sud de la localité turque de Zewin (2.200 mètres d'altitude), dont un imposant castel en ruines domine cette vallée élevée, le fleuve fait un grand coude vers le sud-ouest; la rive droite de ce cours d'eau est plus escarpée, les hauteurs sont formées de rochers, de crevasses et couvertes de broussailles rabougries. La grande route de Kars à Erzerum arrive du nord à Zewin; de cette localité se détache un chemin vers l'ouest, et à 4.000 pas plus au sud un second, qui gravit les hauteurs bordant les rives directement attenantes au village. Ces hauteurs appartiennent à un soulèvement granitique, dans lequel s'élèvent quatre pitons de 100 à 140 mètres de hauteur au-dessus du niveau du fleuve. Les avant-postes turcs étaient placés sur cette chaîne de collines, dans de simples abris de tirailleurs.

Les hauteurs en question tombaient brusquement vers l'ouest dans diverses vallées et gorges étroites, en face desquelles s'élevait en forme de demi-cercle une seconde chaîne un peu plus haute et de 5.000 pas de long, qui formait avec la première un bassin fermé dont la ceinture nord se composait de collines de hauteurs différentes.

Sur cette deuxième chaîne se trouvait la première ligne turque, établie dans des ouvrages de campagne construits suivant un plan.

Cette chaîne ressemblait à la partie élevée d'une gorge très plate s'étendant dans toute sa longueur sur une largeur de 12 à 1.500 pas, et sur le bord opposé, également surélevé, de laquelle on avait posté la deuxième ligne turque, dans une ligne retranchée.

Toute cette ligne de hauteurs tombait vers l'ouest, par des ravins assez escarpés et engorgés, dans la plaine élevée de Horum Düzü, où avaient trouvé place les réserves, le campement de la cavalerie et des trains, l'administration et les hôpitaux.

Ainsi que nous l'avons déjà mentionné, le commandement de l'armée turque avait pendant tout un mois employé toutes les forces disponibles pour fortifier sa position. Il y a lieu de faire remarquer ici qu'après l'exécution des fortifications comprises dans le plan général, les diverses fractions de troupes travaillèrent, de leur propre initiative, non seulement à renforcer les parapets et à approfondir les fossés, mais encore à apporter, d'une manière très intelligente et fort pratique, des perfectionnements et des mesures de sûreté dans les ouvrages de la défense.

A l'époque de son attaque par l'armée russe, la position de Zewin présentait les dispositions suivantes.

1. La *ligne des avant-postes* se trouvait, comme nous l'avons dit, sur le contrefort le plus à l'est, tout au bord du fleuve (cotes 125, 115, 110, 100). Les troupes avancées qui y étaient placées n'étaient que faiblement retranchées ; les couverts qu'on avait organisés avaient surtout pour objet de masquer les postes et les huttes en branchage servant à

mettre à l'abri le personnel, dont les tentes se trouvaient beaucoup plus en arrière.

2. *La première ligne* était établie sur le bord oriental du versant des hauteurs, dans l'ordre suivant:

Aile droite. Cette aile devait couvrir la partie de la route située au sud et avait deux bataillons dans un ouvrage d'infanterie sur un monticule en forme de cône faisant saillie devant le front (*C*). Une compagnie occupait l'ouvrage placé directement dans la gorge pour barrer la route (*D*), pendant que les tirailleurs de la garnison principale se tenaient derrière les tranchées-abris et les abatis établis sur la pente est du monticule et à la lisière du petit bois situé en ce point. L'extrême aile droite était constituée par un bataillon posté dans une tranchée-abri de fort profil située sur un contrefort un peu retiré du monticule se dirigeant vers le sud-ouest (*B*).

L'étendue totale de la ligne de défense de l'aile droite était de 1.800 pas, sa garnison de 1.500 hommes. En cas de besoin, la deuxième ligne aurait pu servir de soutien.

Centre. La coupure entre les deux tronçons de la route était occupée par six bataillons et six pièces (*F*). Une compagnie, à l'aile droite du centre, se tenait dans un ouvrage d'infanterie fermé (*D'*) qui barrait la route en face d'un ouvrage du même genre à l'aile droite; venait ensuite une tranchée-abri large et profonde, avec un parapet solide, pour les soutiens formés en ordre dispersé. En avant de cette tranchée-abri, à dix ou quinze pas au-dessous de la crête de la pente, on avait organisé des parapets en pierres pour les tirailleurs, de telle sorte que les feux de leurs défenseurs vinssent se croiser et que les gorges, vallées et plis de terrain situés dans le bas-fond en avant du front pussent être bien battus dans toutes les directions.

Quelques-uns de ces couverts étaient exposés à l'enfilade,

mais, pour éviter cet inconvénient, on les munit de *traverses en pierres*. La ligne des tranchées-abris fut interrompue en deux endroits parfaitement convenables pour faire place à deux épaulements pouvant recevoir chacun une pièce, et elle se terminait à gauche, directement au-dessus du tronçon nord de la route, par une batterie ouverte à la gorge, en forme d'étoile, pouvant recevoir quatre pièces et postée sur un piton élevé, nommée Top Daghi (montagne des canons).

Le centre occupait une étendue totale de 3.600 pas, avec une garnison de 3.600 hommes et 6 pièces d'artillerie.

Aile gauche (J). Cette aile s'appuyait au nord à la route et comprenait un système de tranchées-abris disposées en terrasses, avec des traverses et un épaulement pour deux pièces de montagne. Elle se terminait par un ouvrage de campagne en forme de lunette, appelé par les Turcs bastion de Horum-Düzü (*L*), pouvant recevoir deux pièces de campagne. La garnison se composait de deux bataillons, qui avaient à appuyer le centre pour couvrir le tronçon nord de la route, et en même temps à couvrir le flanc gauche de toute la position.

L'aile gauche avait une étendue totale de 1.500 pas, une garnison de 1.200 hommes et 4 bouches à feu.

3. *La deuxième ligne (E-E')*. Elle occupait une tranchée-abri d'environ 3.600 pas de longueur, sur le bord occidental du versant. Cette tranchée était uniquement destinée à défiler la garnison des projectiles qui, passant par-dessus la première ligne, venaient frapper la seconde; c'était plutôt, par suite, une *tranchée couvrante*. La défense devait avoir lieu surtout dans la première ligne, tandis que la deuxième n'avait pas d'autre but que d'appuyer la première en cas de besoin et de couvrir par des mouvements offensifs le flanc gauche, un peu faible.

Deux bataillons (un sur chacun) étaient retranchés der-

rière les deux ailes de la deuxième ligne sur deux monticules importants (*A* et *K*).

Les troupes de cette deuxième ligne consistaient en quatre
bataillons (2.000 hommes) avec six pièces de campagne.

En arrière campaient les services accessoires de l'armée
et la cavalerie (*E''*), composée de 400 cavaliers, pour la plupart irréguliers.

Les dispositions adoptées pour fortifier la position de
Zewin donnent lieu à plus d'une observation intéressante
(*fig.* 2 et 3).

L'état-major du corps d'armée organisa plusieurs détachements spéciaux de travailleurs, formés des hommes les plus
robustes et choisis surtout parmi ceux qui étaient familia-
risés avec les travaux de terrassement. En Anatolie, où en
principe les paysans et les bergers construisent eux-mêmes
leurs maisons d'habitation et leurs baraques nomades, très
primitives, et où surtout la population d'agriculteurs est
forcée d'établir chaque année, outre des cultures considérables, des dispositions pour l'irrigation, il ne manquait pas
de soldats exercés au travail, qui se mirent à l'œuvre avec
ardeur et qui ne tardèrent pas à faire preuve d'une véritable
intelligence pour la tâche dont on les chargea.

Comme matériaux, on utilisa en première ligne une espèce
de pierres calcaires, qui émergeaient généralement du gazon
recouvrant la surface du sol; aux endroits où la nature
du terrain permettait des travaux de terrassement, on enleva
toute la terre qui s'y trouvait et l'on fit des parapets soit en-
tièrement en terre, soit en pierres recouvertes de terre.
Quelques petits bois fournirent un précieux complément, et
des ordres furent donnés de ne pas brûler leurs arbres, âgés
de vingt à vingt-cinq ans, et de les réserver exclusivement
pour les travaux de fortification; les branchages fournirent
en outre des fascines et des gabions.

On avait apporté une attention particulière à l'outillage lors de l'organisation des bataillons. Chacun de ceux-ci pouvait disposer de 200 hommes munis de lourdes pioches très bien comprises et de larges pelles très solides. A défaut de brouettes, les mouvements de terre se firent au moyen de civières en clayonnage. Pour quelques routes ou emplacements de pièces à creuser dans le roc, on eut recours à la poudre à canon pour faire les explosions indispensables.

Parmi les retranchements de campagne exécutés, il y a lieu de mentionner en première ligne les diverses espèces de tranchées-abris, qui furent toutes exécutées de la manière la plus simple et la plus pratique.

Nous voyons que la position de la première ligne, occupant une longueur de plus de 3.000 pas sur la crête des hauteurs, consistait en tranchées-abris pour les soutiens, formés sur un rang, et interrompues de distance en distance pour laisser passage aux sorties. Le fossé avait en moyenne 1^m,50 de profondeur et 0^m,75 de largeur en bas, avec parapet en terre mélangée de pierres. La tranchée-abri du bataillon à l'extrême aile droite était disposée de la même manière. Directement devant la ligne du centre se trouvait le fossé étagé en forme de terrasse dont nous avons déjà parlé et qui, étant enfilé, avait été muni de traverses.

Sur le revers de la montagne, où la pente permettait de creuser un fossé, on en faisait un de 1^m,50 de profondeur ; à 1 mètre de distance de la crête de la contrescarpe, on plantait ou on enterrait dans le sol de forts piquets très rapprochés jusqu'à une profondeur de 0^m,75. Ces piquets étaient reliés par du fil de fer, et le creux en forme de crèche formé de cette manière était transformé en un parapet de 1 mètre d'épaisseur, avec la terre fouillée en ce point. Lorsque la pente du terrain était trop raide pour permettre ce travail, on organisait horizontalement une bande de terrain

sur 1ᵐ,50 de largeur, et l'on établissait au bord de la plate-
forme ainsi constituée un parapet de grosses pierres, sur une
hauteur de 1ᵐ,50 et une épaisseur de 0ᵐ,75.

Comme nous l'avons dit déjà, la plupart de ces fossés étaient
munis, de dix en dix pas, de traverses ayant jusqu'à 3 mètres
de hauteur et dont le parapet était formé de matériaux mé-
langés.

L'ensemble de ces tranchées-abris fut disposé surtout en
vue d'être à l'abri des effets de la mousqueterie. La garnison
des tranchées-abris enfilées était pour ainsi dire enfermée
dans ses couverts; dans le rayon du feu ennemi, il n'était pas
possible, sans de grandes pertes, de renforcer la garnison de
ces tranchées ni à celles-ci d'en sortir; enfin, ces tranchées
permettaient difficilement de prendre l'offensive, car pour
en sortir il n'y avait qu'une issue conduisant sur la hauteur.
Au contraire, les garnisons des tranchées voisines pouvaient
par endroits se prêter au besoin un appui réciproque, en se
passant leurs tirailleurs disponibles; les tirailleurs trouvaient
un haut degré de sécurité personnelle, tandis qu'il était très-
dangereux de quitter les tranchées. Cette circonstance parut
exercer une influence heureuse sur les troupes, qui man-
quaient alors de confiance dans leur propre solidité; enfin,
ce qui était l'essentiel, les communications conduisant aux
tranchées étaient si bien organisées que la principale mission de leurs défenseurs, c'est-à-dire battre convenablement
les approches, était parfaitement assurée. L'aile droite avait
disposé à la lisière du petit bois non-seulement des tranchées-abris, mais aussi de solides abatis.

Les emplacements des pièces étaient naturellement adap-
tés au terrain sur lequel ils devaient être établis, et n'offraient
rien de particulier; en principe, il était inutile ou impossible de disposer des fossés en avant des parapets, de sorte
que les matériaux nécessaires pour construire les parapets et

les traverses furent pris à l'intérieur des batteries. Une pièce du centre fut placée dans une embrasure, d'où elle battait efficacement une gorge s'élevant en pente douce au milieu de la position turque. Pour la mettre en place on dut construire une solide plate-forme en pierres, par-dessus laquelle vint s'appuyer le parapet avec les traverses.

En général, on ne prit pas, pour les épaulements de campagne, le soin qui caractérisa l'organisation systématique des moyens de défense en général et l'exécution des travaux des tranchées-abris en particulier.

Les troupes qui s'étaient concentrées peu à peu au camp de Zewin, sous les ordres de Mouktar-Pacha, y furent organisées et exercées. On les répartit en divisions et en brigades composées, les premières de douze, les dernières de six bataillons, qui restèrent longtemps constitués ainsi sans être formés en régiments. La force d'un bataillon de ligne (Nizams) pouvait en chiffres ronds être évaluée à 500 hommes, divisés en huit compagnies. Les bataillons de redifs avaient, il est vrai généralement un effectif plus fort, mais pendant leurs longues marches de concentration, ils laissèrent en route beaucoup de malades, par suite du mauvais état de leur habillement et de la rigueur du printemps.

Le bataillon était l'unité administrative ; il était chargé en particulier d'acheter les moutons destinés à fournir aux soldats la viande nécessaire et] qui suivaient constamment les troupes, ainsi que de procurer les animaux de bât indispensables. Le train d'un bataillon se composait de 80 chevaux ou mulets de bât; plusieurs bataillons avaient loué ou acheté des chameaux pour transporter leurs bagages. Dix des animaux de bât servaient au transport des tentes (1) (quatre tentes par bête), vingt pour les munitions

_____

(1) Plus tard, le nombre des tentes fut réduit de moitié. Une tente à onze hommes dut en recevoir de vingt à vingt-cinq.

de réserve (2.000 cartouches par bête et 80 cartouches par homme), dix pour les outils et les ustensiles de cuisine, dix pour les bagages des officiers, et les autres trente pour le transport du biscuit et des autres provisions. La charge normale d'un de ces animaux était fixée à 125 kilos. Les approvisionnements emmenés par le bataillon suffisaient en principe pour cinq jours, mais il se présenta plus d'une fois, pendant les opérations, des cas où il fut impossible de se ravitailler, de sorte que les soldats durent souvent exécuter des marches ou des combats très sérieux sans vivres suffisants.

Les soldats étaient généralement armés du fusil Snider, avec une baïonnette ; pourtant plusieurs des bataillons arrivés après coup et tous les renforts envoyés après le combat de Zewin, avaient le fusil Martini-Henry. L'habillement laissait fort à désirer : la capote ou manteau était insuffisante pour la température rigoureuse des plateaux élevés de l'Arménie ; la chaussure consistait en grossiers bas de drap brut, sous lesquels de solides semelles en cuir étaient attachées au moyen de courroies ou de lacets montant jusqu'aux genoux. Ce genre de chaussure, usité dans le pays, se montra par la suite parfaitement satisfaisant.

Outre son armement, chaque homme portait une espèce de bissac renfermant ses effets particuliers et tout son bien ; il faut dire qu'à la fin de la campagne ce bissac était complètement vide. Dans les deux poches à cartouches trouvaient place huit paquets de dix cartouches chacun ; en outre, chaque soldat en portait encore autant que ses forces le lui permettaient, dans des étuis à cartouches confectionnés par les hommes eux-mêmes à la manière tcherkesse, en cousant sur leur vêtement, à hauteur de la poitrine, des bandes de toile horizontales, divisées ensuite en alvéoles par des coutures verticales. De cette manière, plus d'un soldat portait plus de 120 cartouches, et avec l'approvisionnement de réserve transporté avec les convois, il pouvait disposer de plus de 250 coups. On peut ajouter d'ailleurs que pendant toute la campagne les muni·tions ne firent jamais défaut.

Les ustensiles de cuisine des troupes se composaient de deux grandes marmites en cuivre et de deux plats (gamelles) en fer-blanc épais par onze hommes, qui formaient une escouade commandée par un caporal et occupaient une tente. Les marmites servaient à préparer les aliments, consistant toujours en viande de mouton et pilaw au riz ou au gruau. L'administration et quelques marchands indigènes leur procuraient aussi de temps en temps des légumes, mais surtout des oignons, qui, crus ou cuits, constituaient réellement une variation précieuse et saine de la cuisine ordinaire.

Les gamelles servaient à préparer le pain : la pâte, uniquement assaisonnée de sel, était placée en gâteaux minces dans la gamelle, convenablement chauffée, et l'on obtenait ainsi en très-peu de temps un pain bien cuit et très-agréable au goût, qui est d'ailleurs établi de cette manière dans toute la contrée. Pour chercher de l'eau, il y avait une marmite en cuivre par escouade et un bidon de campagne par deux hommes, portés à tour de rôle.

L'administration ne délivrait ni boisson capiteuse, ni café, ni tabac. Ces deux derniers articles, presque indispensables aux Turcs, faisaient dans le camp l'objet d'un commerce actif et lucratif, car bien que les soldats ne reçussent aucune solde, ils étaient soutenus aussi bien que possible par leurs familles.

Chaque bataillon avait à sa suite un troupeau de moutons qui était renouvelé, dans la limite des consommations, par d'autres grands troupeaux suivant l'armée à distance. La viande de bœuf était inconnue. Le mouton, pour l'approvisionnement des troupes en campagne est préféré au bœuf, à cause de la facilité avec laquelle les troupeaux de moutons se meuvent et se nourissent.

Une activité continuelle régnait dans le camp de l'infanterie. La matinée était consacrée aux travaux de terrassement et de fortification, l'après-midi aux exercices militaires, Les principales manœuvres consistaient en formation, renfort et retraite successive de chaînes de tirailleurs, puis en attaque à la baïonnette et en rassemblement de troupes dispersées. Une disposition admise normalement pour le combat de tirailleurs fut répétée avec un soin tout particulier : la compagnie, formée réglementairement en trois sections, était partagée en quatre parties, dont deux étaient déployées, la troisième, déployée aussi en chaîne, suivait en moyenne à 200 pas, et la quatrième, à rangs serrés, formait la réserve.

Pour préparer l'attaque d'une position ennemie, on occupait dans le voisinage de celle-ci une position dominante, d'où l'on ouvrait un feu violent. Le soutien et dans certains cas la réserve aussi pouvaient être appelés à renforcer la première ligne, mouvement dans lequel on avait grand soin d'empêcher autant que possible le mélange des différentes fractions. Après deux ou trois minutes de ce feu renforcé poussé à son extrême intensité, si l'on n'était pas arrivé à un résultat permettant une attaque à la baïonnette, on faisait, dans tous les cas, replier jusqu'à l'emplacement des soutiens, une et quelquefois deux des sections engagées p our couvrir la retraite Mais lorsqu'à la suite du feu violent dont il a été question, on supposait l'ennemi assez ébranlé pour avoir des chances de succès en se portant à l'attaque à l'arme blanche, cette attaque n'avait jamais lieu qu'avec trois des sections au feu au plus; la quatrième demeurait sur place, se déployait en raison de l'étendue du terrain, pour recevoir au besoin les assaillants obligés de battre en retraite.

S'agissait-il de défendre une position, on appliquait les mêmes principes ; pour repousser un ennemi très-pressant, on ne pouvait qu'en cas de nécessité absolue employer tous les hommes disponibles, et encore seulement pour un temps très-court, pendant lequel le feu devait être poussé à son maximum d'intensité. Si l'on ne parvenait pas à repousser l'adversaire, il fallait s'arranger de manière à disposer d'au moins deux sections à rangs serrés pour tenter un retour offensif ou couvrir la retraite.

La valeur tactique de cette organisation était basée sur la considération que toutes les éventualités possibles du combat rapproché étaient prévues et que le gaspillage des munitions était évité.

Au début de la campagne, la *cavalerie* était fort disséminée. Des 24 escadrons réguliers du IVe corps d'armée, six se trouvaient à Batum, trois avaient été faits prisonniers par les Russes sur l'Arpatschai, un avait été dispersé lors de la prise d'Ardahan, deux s'étaient repliés de Bayezid sur Wan, six étaient employés à Erzerum et à l'escorte des convois, enfin les six autres étaient affectés à l'armée d'opération. Pour compléter cette dernière cavalerie, montant au plus à 300 chevaux, on dut avoir recours aux services des cavaliers volontaires du pays. A l'époque dont il s'agit on disposait d'environ 1.100 cavaliers volontaires, kurdes ou tscherkesses (1), qui furent envoyés au loin pour le service de sûreté et de reconnaissance. Mouktar-Pacha avait organisé ces irréguliers par escadrons de 100 hommes, auxquels il avait donné un certain nombre d'officiers réguliers, et il s'efforçait, par de l'argent et des récompenses, de relever le courage et de stimuler

____

(1) Dans le courant de la campagne, les Turcs eurent à mobiliser des quantités considérables de cavaliers et dirigèrent aussi sur l'Arménie, les deux régiments de cavalerie régulière du VIe corps (Bagdad).

l'esprit d'entreprise de ces troupes volontaires, qui ne se composaient pas alors d'éléments de bien bonne qualité..

Les chevaux étaient bons, et leur nourriture assurée en leur laissant pâturer les pentes couvertes d'herbes des montagnes jusqu'à la fin de juillet, où la chaleur du soleil commença à détruire la végétation, puis au moyen de fourrages secs, que l'on avait pu se procurer sans trop de difficultés.

Il y a lieu de signaler la manière originale dont on sellait et paquetait les chevaux tscherkesses. Le cheval était couvert d'une couverture en tapis garnie de laine de mouton, couverture que l'on n'enlevait que pour panser l'animal ; par-dessus était posée une petite selle se composant de deux coussinets en cuir bien rembourrés, en forme de cœur se réunissant au sommet, et sur laquelle une sangle était bouclée. Deux poches très-spacieuses, fixées à une large courroie, étaient suspendues sur la selle, de chaque côté du cheval. Les chevaux de bât avaient des bâts en bois bien rembourrés et posés sur une épaisse couverture ; ces bâts n'étaient pas enlevés, même la nuit.

La ferrure des chevaux consistait en un fer plat ayant une petite ouverture au milieu et ayant extérieurement la forme du sabot, sur lequel il était fixé par six clous. Les animaux étaient rarement blessés soit par la selle, soit par le bât, soit par la ferrure.

L'artillerie de campagne avait en général des canons Krupp de 8^{cm}, se chargeant par la culasse, avec système de fermeture à coin rond ; les avant-trains contenaient environ 30 coups. Les voitures de munitions, au nombre de trois par batterie, avaient une caisse d'arrière-train reliée à l'avant-train par une flèche. Ces caisses renfermaient à peu près 120 coups par voiture, de sorte que chaque pièce était approvisionnée à environ 90 coups. Les attelages, composés de chevaux syriens très-forts, ne laissaient d'ailleurs rien à désirer et étaient parfaitement bien harnachés. Les canons, ainsi que les caissons, étaient attelés à huit chevaux.

Les *batteries de montagne,* du système Whitworth, avaient 24 animaux de bât, dont 6 pour les canons, 6 pour les affûts et 12 pour les munitions. Tous étaient équipés à neuf. L'artillerie turque, officiers et soldats était fort bien instruite.

En ce qui concerne le *service sanitaire,* il ne fut organisé que peu à peu pendant le cours des opérations. Au commencement de juin, quelques bataillons seulement pouvaient disposer de leurs médecins, et encore ceux-ci, pour renouveler leurs médicaments, étaient obligés le plus souvent d'aller eux-mêmes les chercher à Erzerum.

On avait établi à Zewin un hôpital provisoire auquel étaient attachés deux médecins ; mais cet établissement manquait de tout ce qui constitue l'exploitation d'un hôpital militaire à notre époque, c'est-à-dire de brancards, de personnel, de médicaments et d'instruments. Les sociétés privées de bienfaisance, pas plus que le *Croissant rouge,* ne s'étaient préoccupées du théâtre de la guerre en Asie.

Le service des approvisionnements de l'armée comprenait l'administration (idaré), qui s'était installée au camp de Zewin et qui veillait à la répartition des provisions envoyées d'Erzerum ou achetées dans le pays ; les munitions de réserve étaient également distribuées par l'administration. En outre, il y avait des magasins principaux à Erzerum et à Baiburt.

L'état-major d'Achmet Mouktar-Pacha se composait du général chef d'état-major, d'un major, de deux capitaines et d'un lieutenant aide de camp, plus d'un secrétaire, un écrivain, deux employés du télégraphe et douze ordonnances ; comme troupes d'état-major, il y avait une compagnie d'infanterie et un escadron de cavalerie.

Le télégraphe de campagne fonctionnait dans toutes les directions par les points centraux d'Erzerum et de Keuprikeuï ; la communication télégraphique avec Kars ne fut interrompue définitivement qu'au commencement de juin, mais on resta en relation constante avec cette place au moyen d'émissaires et de messagers.

Au commencement de juin, le colonel Komarow traversa la passe du *Kanly Dagh* avec une partie de sa colonne employée jusqu'alors *devant Ardahan*. Les volontaires kurdes postés en ce point, à la vue de la supériorité de l'adversaire, se replièrent sur *Bardes*. L'avant-garde russe, composée d'un bataillon d'infanterie, d'un régiment de cavalerie et d'une batterie, occupa *Olti*, qui avait été évacuée précipitamment par sa faible garnison. Les troupes avancées des Russes avaient déjà atteint *Neriman* le 2 juin. Mouktar-Pacha résolut de surprendre les Russes dans leur position exposée d'avant-garde à Olti ou à Neriman.

Dans cette intention, Hadschi-Raschid-Pacha, commandant d'Erzerum, reçut l'ordre de partir le 3 juin de cette place avec trois bataillons, une batterie et la cavalerie disponible pour se porter par *Gurdschi Boghaz* sur *Olti*, recevoir la garnison (un bataillon) en retraite de cette dernière ville et attaquer l'ennemi. En même temps, le général de brigade Schahim-Pacha quitta le camp de Zewin avec trois bataillons et deux escadrons, se dirigeant également sur Olti par le mont *Kiretschly*, afin de tomber dans le flanc de la colonne russe. La cavalerie kurde rassemblée à Bardes était chargée d'inquiéter la retraite des Russes dans la mesure du possible.

Par suite du manque de convois, la colonne de Raschid-Pacha ne put sortir d'Erzerum que le 4 juin et atteindre les environs de Neriman que le 6. Schahim-Pacha était bien arrivé dès le 4 sur les hauteurs qui commandent la place d'Olti au sud, mais il attendit en vain l'appui que devait lui prêter Raschid-Pacha. Les Russes, ayant eu connaissance du mouvement combiné contre eux, évacuèrent précipitamment Olti et Neriman dans la nuit du 5 au 6, se retirèrent sur *Pennek*, où ils repoussèrent la cavalerie kurde qui les poursuivait, et abandonnèrent deux jours après les pentes occidentales du Kanly-Dagh, par lesquelles ils se retirèrent. Schahim-Pacha commit une faute en cette occasion, en se conformant trop strictement à ses instructions, car rien ne devait l'empêcher, ne voyant pas venir la colonne de Raschid, d'attaquer le faible détachement qu'il avait en face de lui.

La demi-brigade de Schahim-Pacha rétrograda le 8 juin sur Zewin; Hadschi-Raschid-Pascha fut appelé de sa personne d'Olti à Zewin, où il prit le commandement de la 2e brigade d'infanterie, vacant jusqu'alors.

Sur ces entrefaites, le centre russe fit les efforts les plus sérieux pour essayer de se rendre maître de la place de Kars par un coup de main, attendu qu'il était loin de disposer du personnel et du matériel nécessaires pour entreprendre un siège régulier. Les forts de Tachmaz et de Karadagh furent, les 14 et 15 juin, l'objet d'une attaque excessivement violente de la part des Russes, mais ceux-ci furent repoussés avec de grandes pertes.

Pendant ce temps, le général Tergukasow, avec l'aile gauche russe, comprenant douze bataillons (9.000 hommes), 3.000 chevaux et 32 bouches à feu, s'avançait lentement vers le défilé de Delibaba; la 3e division turque, sous les ordres de Mehemed Pacha, qui disposait de 6.000 hommes, 300 chevaux et 12 pièces, se retira devant les Russes sans faire de résistance sérieuse.

Le 16 juin eut lieu à *Sedikian* une rencontre, qui fut amenée par suite de la mission que Mehemed-Pacha avait reçue de résister énergiquement aux Russes et de réoccuper une position qu'il avait abandonnée la veille. Les Russes réussirent à faire échouer le projet de leurs adversaires, en faisant un emploi très-large de leur puissante artillerie. Les Turcs, dont le commandant fut tué, se retirèrent, et bien que leurs pertes fussent insignifiantes (129 hommes) et qu'ils ne fussent pas poursuivis, ils évacuèrent tout le pays situé à l'est de la passe de Delibaba.

III

La bataille de Halijas.

Le succès insignifiant des armes russes fit sur la population de la capitale, une impression défavorable à laquelle on ne se serait pas attendu. Il est vrai que de nombreux Persans et Arméniens s'étaient réfugiés dans la place; aussi la population, poussée par le parti russe, excessivement remuant, criait bien fort que toute résistance était impossible et prédisait l'arrivée des Russes devant les portes d'Erzerum dans un délai très prochain. D'un autre côté, les mahométans de la ville et de la campagne se plaignaient vivement de la manière irrésolue dont les opérations étaient conduites, prétendant qu'il fallait attribuer aux hésitations du commandement la perte d'Ardahan et l'invasion de l'ennemi jusqu'au cœur du pays, sans qu'il ait été fait aucune résistance sérieuse. Il est évident que personne ne pouvait se rendre compte suffisamment des difficultés de la situation où se trouvait la faible armée turque, encore en voie d'organisation. Mouktar-Pacha seul s'en tint avec prudence à son plan, qui consistait à amener les Russes à diviser leurs attaques, puis à battre séparément chacune des colonnes peu fortes. Il y a lieu d'ailleurs de remarquer qu'à cette époque personne pour ainsi dire, dans l'armée turque, mais surtout parmi les officiers d'un grade élevé, n'avait confiance dans le succès des projets du commandant en chef.

Mouktar-Pacha envisagea avec sang-froid et résolution la situation que lui faisait la défaite de Sedikian, bien que tout le monde le pressât d'agir sur-le-champ et sans réfléchir. Il prit pour une démonstration la pointe qu'avait faite Tergukasow, comptant que l'attention et le gros des forces turques seraient portées du centre vers le sud, pendant qu'un combat décisif pourrait avoir lieu sur la ligne Kars-Erzerum; il savait d'ailleurs aussi que de Wan (au sud de l'Arménie), une colonne composée en grande partie d'irréguliers et sous les ordres de Faik-Pacha, avait commencé à opérer contre Bayezid et s'était avancée fort loin sur les derrières de Tergukasow.

Au milieu de juin, la répartition des troupes était la suivante (voir l'ordre de bataille donné précédemment).

	bataillons	canons	escadrons
1. *Aile gauche*			
à Olti.	4	6	2
2. *Centre*			
à Zewin	21	18	12
3. *Aile droite*			
à Delibaba.	12	12	3
4. *Réserve*			
à Keuprikeuï.	4	»	»
à Hassan Kalé.	3	»	»
à Erzerum (1).	1	27	12

Mouktar-Pacha ordonna aux troupes de Keuprikeuï, de Hassan Kalé et de Olti de se tenir prêtes à marcher et de compléter rapidement leur train; il prescrivit au commandant d'Erzerum d'activer les préparatifs de l'artillerie et d'envoyer de fortes colonnes de vivres et de munitions à Keuprikeuï. L'achèvement des travaux déjà commencés pour

(1) Outre un bataillon mobile de redifs, il y avait alors, comme infanterie, à Erzerum 13 bataillons de mustafiz; l'artillerie fut seulement attelée alors. Il y avait aussi en formation dans cette place 1.000 cavaliers tscherkesses du Daghestan, sous le commandement de Ghaz Mehmed-Pacha, fils du scheik Schamyl.

la tête de pont de Kreuprikeuï fut poussé avec une extrême
activité.

Le 18 juin, le commandant de la 2e division à Zewin, le
férik Reïs Achmed Fazyl-Pacha, fut chargé de prendre le
commandement de la 3e division à Alaschgerd ; en même temps
la cavalerie qui patrouillait dans le Soghanly Dagh reçut
l'ordre de pousser en avant jusqu'à Kars et d'éclairer les
mouvements que pourrait faire le centre russe. Ghazi Mehmed-Pacha devait aussitôt partir d'Erzerum avec dix escadrons pour aller occuper Keuprikeuï.

Reïs Achmed-Pacha rencontra la 3e division le 19 juin, et
il prévint aussitôt par le télégraphe qu'il avait trouvé cette
division concentrée en avant des défilés de Delibaba et qu'il
en avait pris le commandement. Il résultait de cet avis du
général que les Russes hésitaient encore à occuper les passes
importantes, et que la position de la 3e division au débouché
occidental de ces passes était mauvaise. En même temps les
troupes avancées du centre faisaient savoir qu'elles n'avaient
remarqué aucune espèce de mouvement dans le camp russe
de Kars.

*Mouktar-Pacha se décida alors à s'emparer de nouveau
des passes de Delibaba et de battre le général Tergukasow
avant qu'il eût reçu les renforts dont il avait besoin pour
poursuivre l'offensive.* A cet effet, on prit le 19 juin les dispositions ci-après :

Dans la nuit même du 19 au 20, Ghazi Mehmed-Pacha, qui
venait d'arriver à Keuprikeuï avec dix escadrons, dut marcher
sur Delibaba, puis, après avoir pris le repos nécessaire, fran-
chir les passes à Kara Derbend et à Delibaba, et enfin occuper
les villages de *Eschekilias* et de *Haidarkeuï.* Les mouvements
suivants devaient s'opérer au même moment : la garnison de
Keuprikeuï, forte de 4 bataillons, sous le commandement du
colonel Ziwer-Bey, devait se porter de Keuprikeuï à Deli-

baba ; la garnison de Hassan Kalé, composée de 3 bataillons commandés par le colonel Kaptan Mehmed-Bey, devait s'avancer jusqu'à Keuprikeuï; la 2e division, placée sous le commandement intérimaire du général de brigade Scha-him-Pacha, et forte de 9 bataillons avec 1 batterie de campagne, avait à se porter de Zewin à Delibaba ; la 2e brigade de cavalerie, commandée par le général Musa-Pacha, qui avait sous ses ordres 6 escadrons, avait à marcher de Mends-chingerd sur Delibaba; la 1re brigade de cavalerie, sous les ordres du général Mustapha Savfed-Pacha, devait laisser 4 escadrons réguliers à Zewin, pendant que le brigadier, avec 2 escadrons, était chargé de se replier de Jenikeuï, où il était stationné, sur Delibaba. La garnison d'Olti, composée de 4 bataillons avec 1 batterie de campagne, devait venir occuper Zewin.

Le gouverneur d'Erzerum, le muchir Ismaïl Hakki-Pacha (d'origine kurde et surnommé par le peuple Kurd-Pacha) reçut l'ordre de se porter immédiatement à Zewin, pour prendre le commandement des troupes qui y étaient rassemblées. Cette décision avait été motivée par le fait que le plus ancien des généraux de division présents en ce point était Achmed Muchlis-Pacha, qui paraissait incapable de prendre le commandement dans les conditions données, tandis qu'avec Kurd-Pacha, on avait la certitude qu'il serait tenu compte de l'influence des conseils du chef d'état-major Feizy-Pacha. Ce dernier reçut pour instructions d'indiquer, à l'arrivée du muchir Hakki-Pacha, les mesures à prendre dans son haut commandement, en vue de n'*abandonner dans aucun cas la position de Zewin* et pour la défendre jusqu'au dernier homme, lorsqu'elle serait attaquée. Cet ordre, dicté par la grande prévoyance de Mouktar-Pacha, qui ne voulait pas exposer ses troupes, à peine organisées, aux chances d'un combat en rase campagne avec un commandement insuffisant, eut plus tard pour conséquence, lorsqu'il était indispensable de quitter la position de Zewin pour poursuivre l'adversaire battu, que les généraux turcs se retranchèrent derrière leurs instructions pour rester immobiles, ne se sentant pas capables d'agir par eux-mêmes.

Les mouvements ordonnés par Mouktar furent exécutés dans la journée du 20 juin. Les troupes dirigées sur Delibaba se mirent en route sans leurs tentes ni les bagages des officiers, et n'emmenant que les convois indispensables, comprenant les munitions, les outils, le bétail et du biscuit pour cinq jours ; les autres troupes marchèrent avec leur train complet. Dans la nuit du 20 au 21, les troupes ci-après se concentrèrent à l'intérieur et au sud de Delibaba :

	bataillons	canons	escadrons
2° *division* : général de brigade Schahim-Pacha.			
3ᵉ brigade, sans commandant titulaire.	6	»	»
4ᵉ brigade, colonel Hakki-Bey. .	7 (1)	»	»
1 batterie de campagne.	»	6	»
3ᵉ *division :* général de division Reïs Achmed-Pacha.			
5ᵉ brigade, général de brigade, Mustapha Dschawud Pacha. .	6	»	»
6ᵉ brigade, colonel Akif-Bey. .	6	»	»
1 batterie de campagne.	»	6	»
1 — de montagne.	»	6	»
A reporter.	25	18	»

(1) On avait ajouté aux trois bataillons, qui formaient d'abord la brigade, les quatre bataillons qu'on avait fait venir de Keuprikeuï.

Report.	25	18	»

Cavalerie.

1re brigade, général de brigade Mustapha Savfet-Pacha	»	»	5 (1)
2e brigade, général de brigade, Musa-Pacha.	»	»	6
3e brigade, général de brigade Ghazi Mehmed-Pacha.	»	»	10
Ensemble	25	18	21

formant un total de 12.500 hommes, 2.000 chevaux et 18 bouches à feu.

Parmi ces troupes, la 2e division d'infanterie, ainsi que la 2e et la 3e brigade de cavalerie, avaient dû la veille faire une étape de 35 à 40 kilomètres ; la plupart d'entre elles avaient été forcées de traverser à gué, à Daj Chodscha, ayant de l'eau jusqu'au cou, le fleuve Araxe, très impétueux en cet endroit et large de 75 mètres.

Dans la soirée du 20, Mouktar-Pacha, accompagné seulement de ses officiers d'ordonnance et d'une escorte, vint par Chorassan de Zewin à Delibaba, où il arriva le 21 de bon matin, et il prit aussitôt le commandement des troupes qui étaient réunies en cet endroit. Les éclaireurs de la brigade de cavalerie de Ghazi Mehemed-Pacha étaient sur ces entrefaites arrivés à Eschekilias et Haidarkeuï ; les nouvelles reçues annonçaient que les Russes étaient toujours dans les environs de Tahir Keui, point jusqu'où ils s'étaient avancés après le combat de Sedikian.

Dès le principe, en vue de se rendre maître des passes, de se défendre de front avec des forces presque égales à celles

___

(1) La brigade se composait de deux escadrons de cavalerie régulière, venus de Jenikeuï, et de trois escadrons de cavalerie irrégulière qui étaient auparavant assignés à la 3e division, soit en tout 400 chevaux.

de l'ennemi, tout en disposant d'une forte colonne pour tomber dans le flanc droit et sur les derrières de l'adversaire, Mouktar-Pacha fit prendre les dispositions suivantes :

La 1re et la 2e brigade de cavalerie, ainsi que la 2e division, formèrent une colonne qui s'avança par le défilé de Kara-Derbend jusqu'à Eschekilias. La batterie de montagne de la 3e division se joignit à la batterie de campagne de la 2e division ; quatre des bataillons de la 3e division, sous les ordres du général Dschawud-Pacha, suivaient la première colonne avec la batterie de campagne ; puis, après avoir traversé le défilé, se tournaient vers le sud, sur Haidar Keui, où ils prenaient aussitôt une position d'attente qu'ils avaient à retrancher. Le reste de la 3e division, comprenant 8 bataillons, demeura provisoirement en réserve, occupant la position conquise entre Kara-Derbend et Delibabad. La 2e division avec la cavalerie, était chargée d'attaquer l'ennemi de front ; le détachement de Mustapha-Dschawud-Pacha devait, en cas d'échec de l'attaque, protéger la retraite de la 2e division ; le reste de la 3e division avait pour mission, en cas de réussite de la colonne principale, d'opérer sur le flanc et les derrières de l'ennemi au delà de Delibaba Boghazi sur Sedi-Kian, mais devait prévoir aussi l'éventualité d'être rejeté sur l'Araxe si le centre russe, malgré les nouvelles rassurantes reçues de Kars, faisait irruption avec des forces supérieures contre Chorassan ou Zewin.

Au débouché oriental des trois passes, Delibaba, Kara-Derbend et Hadschi-Chalil, distantes de 5 kilomètres l'une de l'autre, s'étend entre les deux bras formant la source du Mourad une plaine élevée d'où se détachent, à son extrémité orientale, deux monticules placés l'un derrière l'autre et qui commandent de 300 mètres le bras du sud en descendant en pentes escarpées jusqu'à ce bras.

La route d'Erzerum à Bayezid, se dirigeant du nord-ouest

au sud-est, traverse le plateau élevé de *Chaly Jazy* (plaine déserte), appelé improprement *Halijas*, puis elle vient passer au village d'Eschekilias, à 5 kilomètres en arrière des défilés, et continuant toujours dans la même direction, elle arrive au village de Tahir Keui, sur le bras méridional du Mourad (9 kilomètres). Ce village est situé à environ 900 mètres du cours d'eau, dans une gorge formée par les deux monticules dont il a été question; à l'ouest de Tahirkeui, la vallée du Mourad s'élargit et est formée, sur la rive gauche, de prairies étendues et souvent marécageuses (Voir la figure).

La 2ᵉ division avait commencé sa marche en avant à sept heures du matin; à dix heures sa tête arrivait à Eschekilias, d'où la brigade de Tscherkesses de Ghazi-Mehemed était déjà partie pour Tahir Keui. A la sortie est de la localité, la division se déploya tout d'abord en deux colonnes, dont celle de droite (5 bataillons de la brigade Schahim-Pacha) s'était dirigée sur le mamelon le plus au sud du premier contrefort (à la cote 300); la colonne de gauche (brigade Hakki-Bey et un bataillon de la brigade Schahim-Pacha) dépassa en ordre de bataille la route au nord et se dirigea sur la hauteur placée à l'est (cote 240). Le commandant de la 2ᵉ brigade de cavalerie, Musa-Pacha, avait pris par intérim le commandement de ces colonnes.

Les 1ʳᵉ et 2ᵉ brigades de cavalerie, ainsi qu'une partie de la 3ᵉ brigade, détachée aux avant-postes, se rassemblaient sous les ordres de Mustapha Savfet Pacha, sur les derrières de la ligne de déploiement de la 2ᵉ division, et se portaient sur la droite pour gagner la vallée du Mourad, dans la direction de Karasul, et couvrir le flanc droit de l'infanterie.

Vers onze heures et demie, la brigade de Schahim-Pacha, où se trouvait le quartier général, atteignait le pied de la hauteur escarpée (à la cote 300) Top Dagh (mont du canon) et la gravissait ainsi qu'un mamelon y attenant. Les troupes bissèrent, avec des peines incroyables, trois pièces de la batterie de campagne au sommet du Top Dagh, les établirent à la hâte derrière des épaulements improvisés en pierres, et poussèrent leurs lignes de tirailleurs sur la pente orientale, dans la direction de Tahir Keui. Vers le milieu de la pente, à l'endroit où, s'aplatissant, elle décrit un demi-cercle en forme de plateau autour des hauteurs occupées, un feu violent parti de la lisière du village de Tahir Keui, que les Russes avaient mis en état de défense, arrêta le mouvement offensif des Turcs. Les tirailleurs turcs, ainsi que leurs soutiens, se nichèrent à l'extrémité est de ce plateau, derrière des couverts inaccessibles, formés par des blocs de pierres disposés en conséquence. L'artillerie turque ouvrit un feu bien nourri sur une batterie russe de 12 pièces, établie à une distance de 2.400 mètres. Les trois autres pièces de campagne turques n'avaient pu, faute de monde et en présence des grandes difficultés opposées par le terrain pour les traîner, être mises en position au moment où le feu s'engagea.

A ce moment Musa-Pacha fit occuper à son aile gauche la hauteur placée au nord (cote 240), fit mettre en batterie en ce point quatre de ses pièces de montagne (une pièce avait dû être laissée en route à la suite d'un accident, une autre avait été mise hors de combat dès le début de l'action), et comme il avait en face de lui une position russe particulièrement forte, il se crut obligé de préparer au préalable l'attaque par l'artillerie.

Vers la même heure, la cavalerie turque rencontrait des masses imposantes de cavalerie russe, qui, après avoir traversé le Mourad à Karasul et au nord de cette localité, commençaient à se rassembler dans un bas-fond marécageux.

Achmed Mouktar-Pacha avait opéré son déploiement avec une grande rapidité et presque à l'improviste; l'artillerie turque, au début de son action, produisit un désordre très marqué dans un campement russe qui se trouvait à Tahir Keui; mais le commandant de l'armée reconnut alors clairement que les forces dont il disposait ne suffisaient pas pour attaquer avec chance de succès les fortes positions de l'adversaire, solidement occupées et soutenues en outre par une artillerie supérieure en nombre. Les Russes, avec 10 bataillons de 800 hommes, 3.000 cavaliers et 32 bouches à feu, avaient le gros de leurs forces à Tahir Keui, où se trouvaient aussi les réserves et le camp. Un monticule (à la cote 150) s'élevait au sud-est du village et s'étendait jusqu'au fleuve ; il était couronné par une batterie de 12 pièces ; la lisière de cette localité, ainsi que les hauteurs au nord et au sud, étaient défendues par des tranchées-abris, que le centre russe y avait établies sur une ligne ininterrompue. L'aile gauche russe se trouvait sur la rive droite du Mourad, retirée à environ 600 mètres en arrière du centre ; 8 de ses pièces occupaient une colline, et son infanterie, d'ailleurs peu nombreuse, était abritée dans des tranchées-abris disposées en avant de sa position d'artillerie.

L'aile droite, au contraire, avait occupé un groupe de collines d'une conformation particulièrement convenable et située au nord-ouest de Tahir Keui ; sa position d'échelon avancé était extrêmement forte. Le groupe de collines en question formait une ceinture de hauteurs ininterrompue vers le sud-ouest ; la partie au nord servait de position retranchée, faisant front du côté du nord-ouest ; la partie au sud faisait front du côté du sud-ouest. Ces deux positions étaient reliées par une tranchée-abri faisant face à l'ouest et traversant la gorge qui interrompait la ceinture de hauteurs ; la partie sud s'appuyait au centre au moyen d'une tranchée-abri retirée. A 1.200 mètres en arrière du point le plus saillant (à la cote 240) de la position russe se trouvaient 4 pièces russes (cote 270), qui, il est vrai, ne pouvaient que difficilement agir par-dessus la position de l'infanterie russe, mais, en revanche, étaient dans d'excellentes conditions pour battre l'accès de cette position vers le nord et la route d'Eschekilias à Tahir Keui, à travers la gorge dont nous avons parlé. Il est singulier que, dans la position russe, on n'ait pas placé d'artillerie au point le plus saillant de l'aile droite.

En présence de cette situation, Achmet Mouktar-Pacha, au moyen du câble télégraphique, qui arrivait jusqu'à la ligne de bataille, avait donné l'ordre de mettre immédiatement en marche sur Eschekilias les huit bataillons postés à Delibaba; un bataillon devait rester en ce dernier point, un autre devait se porter sur Chorassan avec un faible détachement de cavalerie, et s'y maintenir en communication avec Zewin. Mustapha Dschawud-Pacha, que l'on savait à Haidar keui avec quatre bataillons, reçut l'ordre d'en diriger sans retard trois en avant sur l'aile gauche de la position turque; des six bataillons arrivant de Delibaba, deux avaient relevé ceux qui étaient partis de Haidar keui et les quatre autres devaient se porter en toute hâte à l'aile gauche, sous les ordres de Musa-Pacha. L'arrivée des trois bataillons d'Haidar keui pouvait avoir lieu à deux heures, celle des quatre bataillons de Delibaba seulement vers quatre heures.

Par ces dispositions, Mouktar-Pacha espérait occuper les forces ennemies sur le centre et à l'aile droite par un combat traîné en longueur, tout en cherchant à frapper un coup décisif sur l'aile droite de l'ennemi avec toutes les réserves turques disponibles.

En conséquence, de midi à deux heures, le centre turc et l'aile gauche demeurèrent en contact intime avec l'ennemi, solidement retranché. Le combat d'ailleurs faisait subir des pertes considérables surtout aux lignes de tirailleurs opposées à Tahirkeuï et composées des bataillons de redifs d'Erzerum, d'Erzinghian et de Malatin, qui occupaient des

couverts insuffisants, et auxquelles il n'aurait pas été facile
de battre en retraite sur les pentes dénudées et exposées de
toutes parts qui les environnaient.

L'aile droite, qui, comme on sait, était formée par la cavalerie réunie, n'entra réellement en action qu'un peu après
midi. Mustapha Savfet-Pacha se déploya dans les prairies au
bord du Mourad et attaqua vigoureusement les six escadrons
de cosaques, bientôt suivis d'un régiment de dragons, qui
lui furent opposés de Karasul. La cavalerie turque était, il
est vrai, plus forte que la cavalerie russe, mais sa discipline
et sa cohésion tactique n'étaient pas encore assez assurées
pour lui permettre de résister longtemps à l'attaque compacte
des dragons russes. Après avoir subi des pertes sensibles, dues
en grande partie au feu des dragons ayant mis pied à terre
et embusqués dans le village de Karasul, Mustapha-Pacha se
replia jusqu'au point à la cote 300. Les cosaques et les dragons qui le poursuivaient furent alors reçus par un feu
énergique de l'infanterie turque, et après avoir été fort
maltraités ils se retirèrent, non sur Karasul, qui était alors
évacué par les Russes, mais dans la direction de Tahirkeuï.

Sur ces entrefaites environ 200 cavaliers de la 3e brigade
de cavalerie turque, qui avaient été envoyés en avant-
garde, s'étaient rassemblés dans le rayon du feu de l'infanterie russe, au sud-ouest de Tahirkeuï et, après avoir perdu
quelques hommes, s'étaient repliés dans la vallée du Mourad,
où ils tombèrent sur la cavalerie russe, qui battait en retraite,
et à travers laquelle ils finirent par faire une trouée après
une série de combats de cavalerie très-chauds et des pertes
sensibles des deux côtés. Mustapha Savfet-Pacha rallia derrière le Top Dagh la cavalerie, refoulée en désordre. Cette
cavalerie ne prit plus part ce jour-là à un mouvement offensif, mais elle couvrit d'une façon suffisante le flanc droit,

sur lequel d'ailleurs les Russes ne tentèrent plus aucune attaque sérieuse.

Vers deux heures, les trois bataillons appelés de Haidarkeuï
arrivèrent à l'aile gauche turque; ils furent d'abord employés
à prolonger cette aile dans la direction du nord-est, c'est-
à-dire de manière à envelopper la position opposée. Mais le
moment ne parut pas alors venu de forcer l'aile droite russe;
le combat de feu s'était développé sur toute la ligne avec
une grande intensité, l'artillerie turque avait une attitude
très difficile en présence de l'artillerie russe, de beaucoup
supérieure en nombre, et l'infanterie se trouvait dans la situation défavorable d'avoir toute sa ligne de tirailleurs absolument découverte. On attendait avec anxiété l'arrivée des
quatre bataillons mandés de Delibaba.

Grâce au télégraphe, ce soutien avait pu se mettre en
marche dès une heure, et il lui était facile de faire pour
quatre heures les 12 kilomètres qu'il avait à parcourir, d'autant plus que les troupes étaient prêtes à marcher. Mais
arrivée au défilé, la colonne vint se heurter aux blessés que
l'on renvoyait en arrière et qui étaient accompagnés de nombreux fuyards; il en résulta des temps d'arrêt assez longs,
qui entravèrent surtout dans leur marche en avant les colonnes de munitions des bataillons. Mouktar-Pacha, qui avait
eu connaissance de ces contretemps fut obligé de détacher
un bataillon de Musa-Pacha vers Eschekilias, avec mission de
rassembler en ce point tous les blessés qui se portaient en
arrière, et en outre d'établir un cordon pour arrêter rigou-
reusement tous les fuyards et tous les maraudeurs.

Pendant cela, la journée approchait de son déclin; pour
arriver à une solution, il fallait alors, à quatre heures et
demie, que Musa-Pacha s'élançât à l'attaque sans attendre la
réserve.

De ses neuf bataillons, ce général en envoya sept et demi

.à l'assaut de la couronne de hauteurs qui se trouvait en face ; six bataillons formés en cinq colonnes s'élancèrent contre le front nord-ouest de la position ennemie, pendant que le bataillon et demi attaquait le retranchement du sud-ouest. Les quatre pièces de montagne de la brigade turque avaient canonné pendant plusieurs heures l'ouvrage d'infanterie en question, sans succès apparent, mais l'assaut réussit quand même du premier choc, sous l'élan impétueux des bataillons de redifs de Kara-Hissar et de Arab-Kürd. Tout le front nord-ouest de la position russe fut enlevé ; le bataillon de l'extrême aile gauche (redifs de Siwas) enveloppa ce front, s'avança contre la batterie russe, placée fort loin en arrière, et la força à se replier ; en même temps, elle battait le flanc droit des tranchées-abris du front nord-ouest et prenait à revers celles du front sud-ouest.

Les défenseurs abandonnèrent rapidement toutes ces positions et se précipitèrent pêle-mêle avec les assaillants dans le secteur sud de la ceinture de hauteurs, où ils ne purent d'ailleurs tenir longtemps, malgré les tranchées-abris qu'ils avaient établies en cet endroit et qu'ils avaient occupées avec célérité.

A ce moment les redifs, qui avaient gravi les pentes sud du groupe de hauteurs, menaçaient le village de Tahirkeuï, mais les Russes firent alors entrer en action trois forts bataillons demeurés en réserve. Ces derniers reçurent les détachements repoussés, attaquèrent énergiquement les bataillons turcs, qui les poursuivaient dans le plus grand désordre, les forcèrent à la retraite, atteignirent en même temps qu'eux les hauteurs sud, poursuivirent les Turcs à travers la gorge et s'emparèrent en partie du front nord-ouest, que leurs adversaires leur reprirent pourtant presque aussitôt. Cependant les Turcs n'avaient aucune réserve à leur disposition pour soutenir leurs troupes épuisées et refoulées, tandis que les Russes, ayant reçu des renforts, s'avancèrent de nouveau contre le front nord-ouest et chassèrent enfin les bataillons turcs, décimés, des hauteurs qu'ils occupaient. Dans leur retraite, ces troupes se mélangèrent avec les trois bataillons qui arrivaient sous le commandement de Akif-Bey. Il était environ sept heures lorsque les troupes turques refoulées purent se rallier sous la protection des pièces de montagne; le commandant en chef leur donna alors l'ordre de se porter de nouveau à l'assaut de la position qu'elles venaient de perdre.

Pour l'exécution de cet ordre, on fit avancer 10 bataillons uniquement contre le front nord-ouest; ils parvinrent à s'en emparer malgré un feu violent. Mais les Turcs ne pouvaient pas aller au delà vers le sud : pendant ce temps, les Russes avaient occupé fortement la partie sud de la ceinture de montagnes, et il devenait de plus en plus difficile de maintenir la partie nord sous le feu concentré des batteries que les Russes avaient remises en position. Sous la menace de l'attaque des Russes, qui s'avançaient, Mussa-Pacha dut se résoudre à abandonner toute la chaîne de hauteurs et à s'abstenir de toute tentative de reprise en ce jour.

A l'arrivée de la nuit, l'aile gauche turque se retrouvait dans sa position originelle; Schahim-Pacha, à la faveur de l'obscurité, retira ses lignes de tirailleurs avancées jusqu'au pied du Top Dagh. Dans l'après-midi il avait, non sans subir des pertes sensibles, réussi à maintenir une portion importante des forces ennemies, à mettre en une position excellente, dans le cours du combat même, une pièce de campagne tout à fait au sud de la position, et, au moyen de ces dispositions, à repousser quelques démonstrations faites par l'adversaire sur l'aile droite. La cavalerie reporta ses bivacs en arrière des positions de l'infanterie, mais en détachant de forts avant-postes sur le Mourad.

La petite armée turque était fort épuisée. Dans le combat, qui avait été livré avec un grand courage et un profond mépris de la mort, elle avait perdu près de 2.000 hommes, dont la moitié environ avaient succombé.

On n'avait remporté aucun succès sérieux: non seulement on n'avait pu s'emparer d'aucune des positions ennemies, mais on avait été presque forcé d'abandonner les premières positions occupées. Malgré l'esprit de sacrifice dont l'armée avait fait preuve la veille, son moral était loin d'avoir gagné; les munitions d'artillerie étaient complètement épuisées, la cavalerie était ébranlée par l'échec subi. Après une chaleur accablante pendant le jour, la température descendit à — 3º centigrades pendant la nuit ; à part un peu de biscuit, les troupes n'avaient aucune provision de bouche ; on manquait de fourrage, de bois à brûler et d'eau. Le bivac était sombre et morne ; on apercevait seulement dans le village d'Eschekilias, placé dans une gorge, quelques feux de campement allumés avec du fumier sec.

Achmed Moulktar-Pacha attendait le matin avec impatience; la résistance acharnée des Russes lui avait laissé supposer qu'il avait eu affaire à des forces supérieures et lui avait en outre fait craindre d'être maintenu en ce point par Tergukasow jusqu'à ce que le centre russe ait pu gagner une bataille décisive du côté de Zewin. Mais, d'un autre côté, il avait confiance dans la bonne volonté et la bonté de ses troupes ; dès midi il avait fait parvenir l'ordre aux trois bataillons de Keupri Keuï, commandés par Kaptan Mehemed-Bey, ainsi qu'au bataillon de Délibaba, d'accourir en toute hâte se joindre à l'armée à Alaschgerd; en conséquence, dans la journée du 22, il pouvait mettre en ligne 26 bataillons avec 3 batteries, en y comprenant le détachement de Mustapha Dschawud-Pacha. Il pouvait donc espérer ce jour-là infliger un échec sérieux à Tergukasow.

Pendant la nuit, Ghazi Mehemed-Pacha avait été prévenu d'avoir à traverser le Mourad avec toute sa brigade, et de reconnaître la position ennemie sur la rive droite du fleuve. Il se mit en route avant l'aurore, et il ne tarda pas à faire connaître que tout au matin il se trouvait aux prises avec de l'infanterie et de la cavalerie qui se retiraient sur Tahirkeuï. Un brouillard intense couvrait le champ de bataille et empêchait de voir les mouvements de l'ennemi ; les hauteurs les plus voisines elles-mêmes, qui la veille avaient été le théâtre d'un combat acharné, demeuraient enveloppées d'un brouillard épais. Pourtant ce brouillard ne tarda pas à se dissiper, et des hauteurs du Top Dagh on put constater alors le mouvement de retraite des Russes, que bien d'autres indices avaient d'ailleurs indiqué déjà.

Pour le moment Mouktar-Pacha n'était pas en mesure de poursuivre l'ennemi ; en présence de la poursuite peu énergique de la cavalerie turque, les Russes se retiraient en bon ordre sur les hauteurs à l'est de Tahirkeuï, en protégeant leur retraite par une légère canonnade. Leurs pertes de la veille atteignaient à peine la moitié de celles de l'armée turque. Des munitions d'artillerie apportées par la cavalerie étant arrivées dans l'après-midi, Mouktar-Pacha fit alors avancer les troupes jusqu'à Tahirkeuï sans rencontrer de résistance.

La défense acharnée des positions russes au combat d'Halijas avait amené des modifications notables dans les dispositions et dans les plans des généraux turcs. Presque toutes les troupes disponibles avaient été employées à une attaque de front ; pour mener à bonne fin le mouvement tournant que l'on avait en vue sur Sedikian, il aurait fallu pour ainsi dire reformer les troupes, qui avaient beaucoup souffert, et les pourvoir de munitions de bouche et de guerre ; or on a vu que l'on était arrivé au 22 juin sans que les soldats eussent reçu d'autre nourriture que du biscuit.

On ordonna le 23, à la 3ᵉ division sous Reis Achmed-Pacha, de prendre position à Tahirkeuï et à l'est de ce village. La brigade Schahim-Pacha, de la 2ᵉ division, devait former la réserve de la 3ᵉ division ; la brigade Akif-Bey, renforcée de deux bataillons de la brigade Schahim-Pacha avec deux canons de montagne, était destinée à former la colonne enveloppante (Akif-Bey avait, comme on sait, détaché un bataillon à Chorassan et disposait, par suite, de sept bataillons et deux bouches à feu). Les reconnaissances avaient fait connaître que les Russes se retranchaient dans une position entre Tahirkeuï et Sedikian, pour donner le temps de faire filer sur les derrières leurs nombreux convois et beaucoup de familles arméniennes qui avaient lié leur sort à celui des Russes. Le bruit courut, dans le camp turc, que Loris Melikoff s'était concentré le 21 à Keketsch avec 20 bataillons, 5.000 cavaliers et 32 bouches à feu, et qu'il était arrivé le 22 à Sary Kamisch.

IV

Le combat de Zewin.

Voir figures 2 et 3 (plan et profil transversal) et figure 4 (détails.)

L'adjudant général Loris Melikoff avait reçu avis le 20, par des éclaireurs et par le général Tergukasow, que des mouvements de troupes considérables avaient lieu du côté des Turcs, et que ces préparatifs avaient clairement pour but l'attaque de l'aile gauche russe, d'ailleurs trop avancée et dans une position exposée. Vu le peu de temps disponible, il n'était pas possible de renforcer *directement* cette aile ni de se défendre contre l'offensive ennemie présumée. En conséquence, le commandant en chef russe se décida à attendre les évènements avec une forte colonne en deçà du Soghanly Dagh, en donnant ainsi de l'air à son aile gauche menacée et éventuellement en cherchant à se réunir avec celle-ci en avant.

A cet effet, la division de grenadiers du Caucase, renforcée de quatre bataillons de la 30e division, avec huit régiments de cavalerie et trente-deux canons, partit le 21 de Keketsch, sous les ordres directs du commandant en chef Melikoff; cette colonne atteignit le 22 Sary Kamisch, traversa le 23 le Soghanly Dagh et s'avança jusqu'à Milliduz, envoyant des troupes en éclaireurs jusqu'à Mendschingerd. Le 24, le gros resta dans cette dernière localité, en attendant des renseignements certains sur l'état des affaires à Alaschgerd. Le général russe était en mesure alors soit de se diriger sur Chorassan pour opérer sur les derrières d'Achmed Mouktar, soit d'attaquer la position de Zewin et par ce moyen d'empêcher Mouktar de profiter d'une victoire remportée à Halijas. La nouvelle,reçue sur ces entrefaites, que le commandant en chef turc était présent de sa personne à Alaschgerd et qu'il y avait amené des renforts importants, décida le général Loris-Melikoff à attaquer Zewin, qu'il supposait faiblement occupé et mal fortifié. L'attaque fut décidée pour le 25 juin.

Dans la soirée du 24 et la nuit qui la suivit, une partie de la forte cavalerie russe se dirigea sur Chorassan, dans la vallée du Chon-Suju, traversa cette vallée, et quelques petits détachements firent leur apparition sur les communications conduisant de Zewin à Chorassan. Sur l'ordre de Mouktar-Pacha, la cavalerie de Musa-Pacha, avec cinq escadrons et le bataillon détaché de la brigade Akif-Bey, avait pris position en cet endroit; mais dès le point du jour, le 25, elle évacua Chorassan, craignant d'être coupée par la forte cavalerie russe. Elle rétrograda jusqu'à Keupri Keuï. Les communications entre Zewin et Alaschgerd étaient interrompues; il fallait prendre des dispositions pour établir une ligne télégraphique au delà d'Olti et d'Erzerum.

Dès le 23, les troupes turques n'avaient cessé de travailler aux tranchées-abris de leurs positions; en conséquence, le 25 au matin tout était prêt pour recevoir les Russes, lorsqu'il survint dans la marche de ces derniers un à-coup, qui eut une influence presque désastreuse sur les décisions du commandant turc.

La cavalerie turque était en contact avec la cavalerie russe depuis la veille au matin, sur la rive gauche du fleuve; le gros des Russes se trouvait à sept heures du matin environ à 7.000 mètres de la position turque, à cheval sur la route de Mendschingerd à Zewin; les détachements de cavalerie ne tardèrent pas à se mettre en mouvement vers le sud-ouest; leurs patrouilles latérales à droite se trouvèrent en-

gagées dans un combat avec la cavalerie turque. Cette escar-
mouche dura trois quarts d'heure, pendant lesquels les Russes
poursuivirent lentement et prudemment leur marche de
flanc. Vers huit heures seulement deux escadrons à rangs
serrés repoussèrent sur la rive gauche les faibles avant-
postes turco-kurdes, mais le feu d'artillerie de la principale
batterie turque placée sur le Top Tepe força les Russes de se
replier dans la vallée.

L'arrivée continuelle de nouvelle cavalerie russe vers le
sud dut faire connaître au camp turc l'intention de Mélikoff
de pénétrer directement à Chorassan, en se masquant par sa
cavalerie et en se couvrant sur son flanc droit, en vue de
pénétrer comme un coin entre les deux parties de l'armée
turque. La retraite de Musa-Pacha, de Chorassan à Keupri
Keuï, qui eut lieu en ce moment, confirmait cette hypothèse,
et déjà l'on discutait dans les conseils de guerre turcs s'il
n'était pas opportun de se retirer sur Keupri Keuï pour couvrir Erzerum, lorsque, vers dix heures du matin, on aperçut,
sur la route de Zewin à Mendschingerd, des colonnes d'infanterie et d'artillerie d'une force telle qu'il ne fut plus possible
de douter des intentions de l'adversaire de se porter à l'attaque de Zewin. La marche de la division russe avait lieu,
dans le plus grand ordre, sur le terrain s'abaissant en pentes
douces vers les hauteurs escarpées qui bordaient la rive
gauche du fleuve. Néanmoins, la première ligne de tirailleurs russes ne parvint que vers midi à passer le Chan Suju
et à se porter à l'attaque des hauteurs de la rive droite.

Ainsi que nous l'avons indiqué dans la description de la
position de Zewin donnée au deuxième chapitre, les avant-
postes turcs étaient établis sur les crêtes directement acco-
lées à la rive du fleuve. Ils ne purent résister à l'attaque
des Russes, exécutée avec beaucoup d'entrain et une grande
supériorité numérique, et ils se replièrent jusque dans la

position du premier échelon, sur les chaînes de hauteurs
situées plus à l'ouest. D'après les rapports russes, le général Melikoff considéra la prise de la position des avant-postes
comme un résultat important, et, encouragé par ce succès,
il fit procéder immédiatement à l'attaque de la position principale. Il n'était pas prudent alors de s'arrêter en route, car,
en quittant la position des avant-postes turcs, les dix bataillons russes tombaient aussitôt sous l'action la plus intense
du feu d'artillerie et de mousqueterie de l'adversaire. Mais
l'attaque de front, qui était en elle-même une entreprise
excessivement difficile, étant données la situation du terrain
et les conditions de la défense, l'attaque de front disons-
nous n'avait pas été suffisamment préparée. Le général
Heimann avait, il est vrai, mis en position 19 pièces sur une
seule ligne au sud-est de Zewin, et canonné sans interrup-
tion les positions turques depuis 11 heures et demie, mais
ce feu ne produisit que des résultats insignifiants et n'eut
aucune influence sur l'attitude résolue du défenseur. Une
autre position de batterie pour cinq pièces, choisie plus au
sud, fut reconnue trop éloignée dès le début, mais il lui fal-
lut plus de deux heures pour changer de position et venir se
placer sur le prolongement de la ligne formée par les
19 pièces dont nous avons parlé.

Vers deux heures commença la formation des colonnes
d'attaque russes contre les divers points principaux de la
position ennemie; en partie couvertes par les mamelons
situés en avant de la position occupée par les avant-postes
turcs, les deux colonnes qui se formèrent étaient de force
inégale. Celle de gauche, composée d'environ quatre bataillons, se dirigea contre Arab Tepe et la route passant à son
pied vers le nord; celle de droite, comprenant six bataillons, attaqua la position du centre turc; il s'agissait là aussi
d'occuper la route passant entre le centre et l'aile gauche.

Dès que les colonnes russes cessèrent d'être couvertes par les hauteurs, elles furent reçues par un feu meurtrier de la première ligne turque. Les pentes occidentales des premières hauteurs occupées étaient complètement exposées au feu turc dans toute leur étendue. Dans l'espoir de trouver un abri et du temps pour se reformer au pied des positions à prendre d'assaut, dans les nombreux bas-fonds, gorges, ravins et gouttières qui s'y trouvaient, les bataillons russes se précipitèrent en bas des pentes escarpées. Pour cela les soldats, utilisant leurs fusils comme on le fait des bâtons ferrés dans les Alpes, se laissaient glisser, ayant la pointe de la baïonnette enfoncée dans le sol. Mais arrivés en bas, au pied de la position turque, les assaillants se trouvèrent exposés en plein au feu d'enfilade des tranchées-abris avancées que nous avons décrites, munies de traverses, et qui avaient été disposées précisément pour battre le fond de la vallée. Les pertes étaient considérables, et il ne fallait pas songer à s'arrêter dans les gorges. Dans ces conditions, les braves bataillons russes se décidèrent à tenter l'assaut de ces hauteurs escarpées, qui vomissaient sur eux la mort et le carnage.

L'extrême aile gauche russe mena à bonne fin un mouvement tournant sur le sud-ouest. Un bataillon attaqua l'aile droite turque (*B*) dans des conditions relativement favorables ; le combat traîna néanmoins en longueur, parce que les Russes trouvèrent quelques couverts et que les Turcs n'avaient pas le moyen de sortir de leurs retranchements. Vers le soir seulement, les Russes, soutenus par un fort détachement de cavalerie qui depuis midi avait fait de Chorassan des démonstrations contre la position élevée située derrière l'aile droite turque, mais avait été immédiatement repoussé, les Russes cherchèrent alors à tourner le flanc droit de l'aile droite de la première ligne, mais durent renoncer à leur tentative après avoir subi des pertes sérieuses, parce qu'un bataillon turc venu de la deuxième ligne comme renfort avait prolongé à droite la position de la première ligne, en formant un crochet défensif. Cependant le combat ne se termina en ce point qu'à neuf heures du soir, par la retraite complète des Russes.

Un autre bataillon attaqua Arab Tepe par l'est, où il eut à subir un feu de beaucoup supérieur au sien, et il dut renoncer à cette attaque, bien qu'après des sacrifices inouïs il fût arrivé jusqu'à la lisière du petit bois, fortifiée au moyen d'abatis et de tranchées-abris. Ce bataillon, après avoir éprouvé des pertes sensibles, se retira dans la direction du sud-est, en se reliant avec l'extrême aile gauche.

Les deux derniers bataillons de l'aile gauche russe eurent comme objectif de prendre la route située au pied de l'Arab Tepe du côté nord. Pendant leur parcours pour arriver au point à prendre d'assaut, ces braves troupes eurent beaucoup à souffrir d'un feu qui les assaillait de dix directions différentes. Le général Heimann, eu égard à ces conditions critiques, envoya au point le plus important un bataillon de renfort tiré de la réserve. Ainsi renforcée, la colonne se précipita sur le défilé de la route (*DD*); deux fois elle parvint à prendre la lisière nord du petit bois, deux fois elle fut repoussée. Les garnisons d'Arab Tepe, des deux retranchements qui barraient la route et d'une grande partie des tranchées-abris du centre, participèrent à la destruction de l'assaillant en ce point, où le combat ne dura pas longtemps. Vers 5 heures, les restes des bataillons, fort maltraités, parvinrent à se rallier en partie derrière la colline cotée 125 et à repasser aussitôt sur la rive gauche du fleuve.

Au centre proprement dit, les Russes attaquèrent, avant toute autre, la position principale de Top Dagh, que la brigade du général Schefket était chargée de défendre. Malgré le dévouement héroïque avec lequel les bataillons russes s'élancèrent à plusieurs reprises à l'assaut de cette position formidable, ils ne parvinrent pas à remporter un succès même passager. Cependant, lorsque deux bataillons de la réserve furent venus prendre part au combat, ils réussirent, avec l'aide des colonnes battues, à se porter en avant; mais arrivés dans le voisinage immédiat du feu intense des tranchées-abris de l'aile gauche turque et du tir à mitraille des batteries, ils durent s'arrêter et pénétrer, quoiqu'au prix des plus grands sacrifices, jusqu'à l'ouvrage G, barrant la route. Pour repousser cette attaque téméraire, les Turcs furent obligés d'appeler à la hâte les soutiens qui se trouvaient en arrière de la première ligne et qui se jetèrent sur les Russes à la baïonnette. Les balles russes arrivaient en grand nombre jusqu'au quartier général turc (E') et même jusqu'au camp de Horüm Düzü (E'); l'ordre avait même été donné au quartier général turc de faire avancer toute la deuxième ligne (composée alors de trois bataillons seulement) dans la direction de Top Dagh, lorsque l'élan des Russes se paralysa et que leurs héroïques et admirables grenadiers se retirèrent dans les gorges et les ravins de la vallée. La retraite de ces troupes ne tarda pas à dégénérer en fuite désordonnée, qui ne s'arrêta que derrière les hauteurs protectrices de Chan Suju, vers 6 heures et demie.

Sur ces entrefaites, l'artillerie russe des colonnes d'assaut avait dirigé son feu sur les réserves que l'on croyait derrière la première ligne turque; mais comme ces réserves n'existaient pas, le feu demeura sans résultat. Entre 3 et 5 heures du soir, la batterie russe de 19 pièces eut beaucoup à souffrir du manque de munitions et dut modérer son action jusqu'à ce que, vers 5 heures, elle fut réapprovisionnée suffisamment.

Le général Loris Melikoff reconnut alors l'inutilité de

nouvelles attaques. Il avait depuis longtemps rappelé les troupes détachées vers Chorassan (4 bataillons, 8 canons, avec une forte cavalerie), mais il n'était plus possible de compter à ce moment sur l'arrivée en temps utile de ce secours : la retraite fut décidée. Pour la couvrir, le général Loris-Melikoff envoya ses dernières réserves (3 bataillons, 5 escadrons et 4 canons) attaquer le flanc gauche des Turcs, avec ordre de s'avancer dans la vallée de Zewin. Les Turcs furent avertis de ce mouvement par des patrouilles qui étaient en observation sur les hauteurs au nord de Zewin. Ils envoyèrent à la rencontre de la colonne russe deux bataillons et demi, environ quatre escadrons et la batterie de campagne de la deuxième ligne. La batterie prit dans la vallée de Zewin une position bien choisie (cote 160) et empêcha quelques pièces russes de se mettre en batterie à l'est de Zewin. Le mouvement en avant assez timide et irrésolu de l'infanterie russe fut vigoureusement reçu de front par la ligne de tirailleurs des bataillons turcs opposés, et sur le flanc gauche par les tranchées-abris de l'aile gauche turque. Les Russes se replièrent lorsqu'un bataillon turc, ayant traversé la rivière de Zewin, menaça de leur couper la retraite en prenant position sur les hauteurs au nord du village.

La cavalerie turque aurait pu jouer alors un rôle important si elle avait bien compris sa mission. Au moment où l'infanterie russe, déjà rejetée, descendait la vallée aboutissant à Zewin, la cavalerie turque apparut sur le théâtre du combat. Au lieu d'attaquer l'adversaire en retraite en traversant les intervalles existant entre les bataillons turcs, les escadrons turcs traversèrent obliquement la vallée derrière leur infanterie, gravirent les hauteurs de la rive nord, firent une conversion à droite sur le plateau et voulurent prendre l'adversaire de flanc et à dos, mais les pentes étaient trop

raides. Pendant cette tentative de gravir la vallée, la cavalerie turque fut vivement poursuivie par le feu de l'infanterie battant en retraite et celle de Zewin ; aussi dut-elle
renoncer à son dessein après avoir subi une perte de 80 à
100 chevaux.

Vers 7 heures du soir le combat était terminé. Les Russes
repassèrent le Chan Suju et vinrent camper à environ 8 kilomètres des avant-postes turcs, qui soutinrent encore jusqu'à neuf heures, avec quelques détachements russes
attardés, un feu assez soutenu, qui entraîna une grande dé-
pense de munitions. Les Turcs avaient perdu 138 hommes
tués et 502 blessés. Les pertes des Russes furent évaluées
à 3.000 hommes, d'après des correspondances privées des
officiers russes. Les rapports officiels de l'époque n'accu-
saient qu'une perte de 900 hommes environ.

Le général turc, satisfait de cette facile victoire, aban-
donna, par manque d'énergie, toute espèce de poursuite. Il
est certain pourtant que l'ennemi, dans une situation déplorable, n'aurait pu résister à un choc offensif que par la perte
d'une grande quantité de matériel et de convois.

Le jour de la bataille de Zewin, Mouktar-Pacha se trouvait
sur les hauteurs du Kieuse Dagh avec la colonne enveloppante d'Akif-Bey, afin d'être plus rapproché des évènements
de Zewin. Lorsque, le 26 juin, il voulut continuer son mouvement tournant, il s'aperçut que Tergukazow avait déjà
évacué les défilés de Sedikian et qu'il se trouvait en complète retraite vers les frontières russes. Le commandant en
chef turc remit alors le commandement du corps d'Alaschgerd provisoirement à Reis Achmed-Pacha, et arriva à
Zewin le 27 juin.

Ce même jour, Loris-Mélikoff repassa le Soghanly-Dagh,
et le 29 Mouktar poursuivait son adversaire avec 29 bataillons.

Sous l'impression des évènements de leur aile gauche, et par suite de l'approche de Mouktar-Pacha, les Russes levèrent le siège de Kars le 9 juillet, croyant que leurs adversaires disposaient de forces plus nombreuses qu'elles ne l'étaient en réalité. Le lendemain Achmed Mouktar-Pacha faisait son entrée dans la forteresse délivrée.

TABLE DES MATIÈRES

Pages.

Préface. 1

I. Préparatifs de la guerre. — Evènements du mois
de mai 9

II. Evènements du mois de juin jusqu'à l'offensive turque. 22

III. Le combat d'Halijas. 40

IV. Le combat de Zewin. 50

1054 Paris. Imp. LALOUX fils et GUILLOT, 7, rue des Canettes.

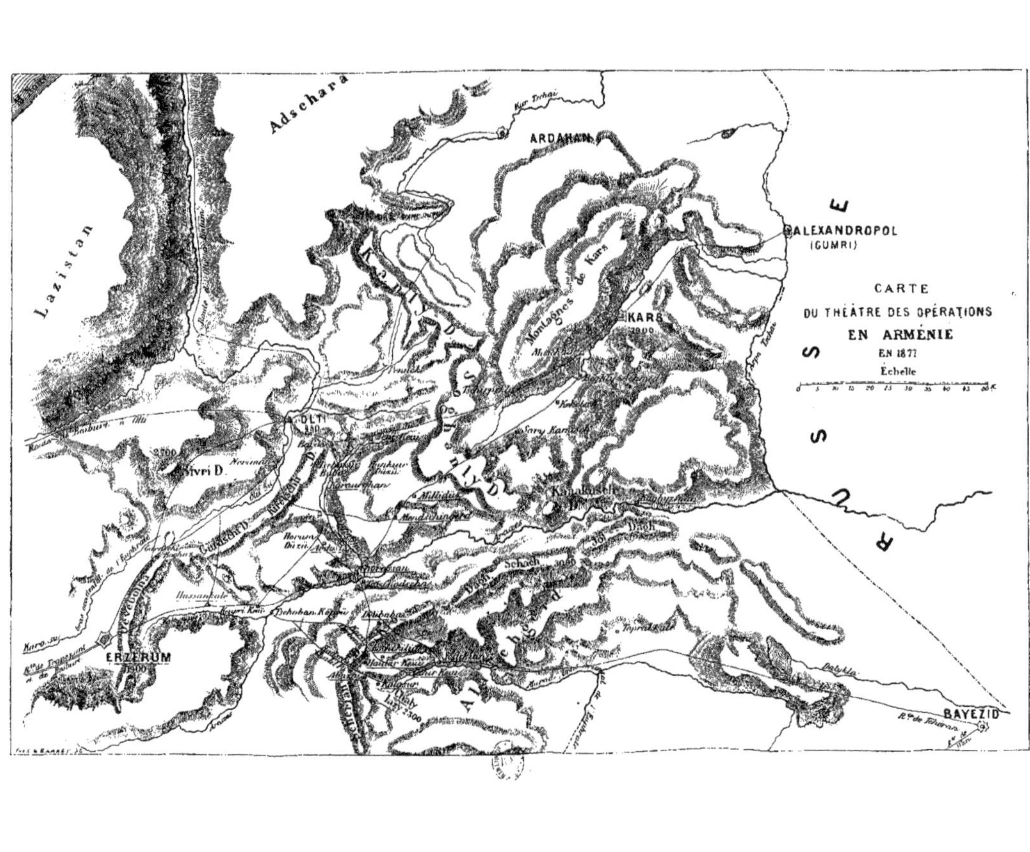

Adschara
Kur Tchai
ARDAHAN
Lazistan
ALEXANDROPOL
(GUMRI)
E
CARTE
DU THÉÂTRE DES OPÉRATIONS
EN ARMÉNIE
EN 1877
Échelle
Montagnes de Kars
KARS
1800
S
S
U
R
OLTI
Sivri D.
Kanakessi
Koudsch
Zivin
Dehan-Kéui
Hassankale
ERZERUM
Kara-su
BAYEZID
R.de Tchéran

Vue perspective A (1/2,500)

FIG. 2.

FORTIFICATIONS DE ZEWIN (1/30,000)

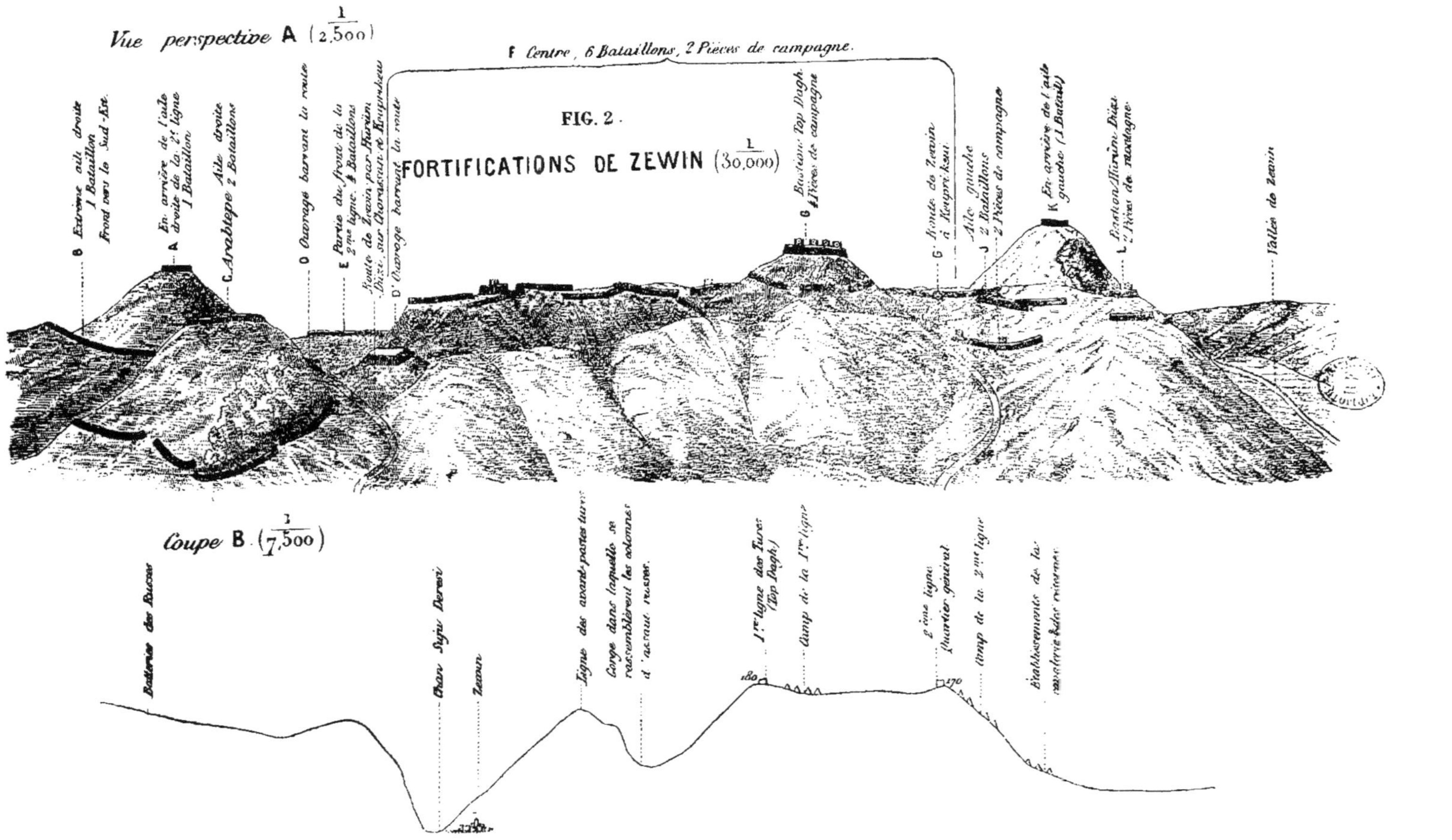

F Centre, 6 Bataillons, 2 Pièces de campagne.

B Extrème aile droite
1 Bataillon
Front vers le Sud-Est.
A En arrière de l'aile
droite de la 2e ligne
1 Bataillon
C Arabtepe Aile droite
2 Bataillons
O Ouvrage barrant la route
E Partie du front de la
2me ligne. 4 Bataillons
Route de Zewin par Hurum
Dizi, sur Chorassan et Kouprikeu
D' Ouvrage barrant la route
G Bastion Top Dagh.
4 Pièces de campagne
G' Route de Zewin
à Kouprikeu
Aile gauche
J 2 Bataillons
2 Pièces de campagne
K En arrière de l'aile
gauche (1 Bataill.)
L Bastion Hurum Dizi
2 Pièces de montagne
Vallée de Zewin

Coupe B (1/7,500)

Batteries des Russes
Chan Suju Deresi
Zewin
Ligne des avant-postes turcs
Gorge dans laquelle se
rassemblèrent les colonnes
d'assaut russes.
1re ligne des Turcs
(Top Dagh)
Camp de la 1re ligne
2eme ligne
Quartier général
Camp de la 2me ligne
Établissements de la
cavalerie des réserves.

FIG. 3. BATAILLE DE ZEWIN le 25 Juin 1877 (30.000).

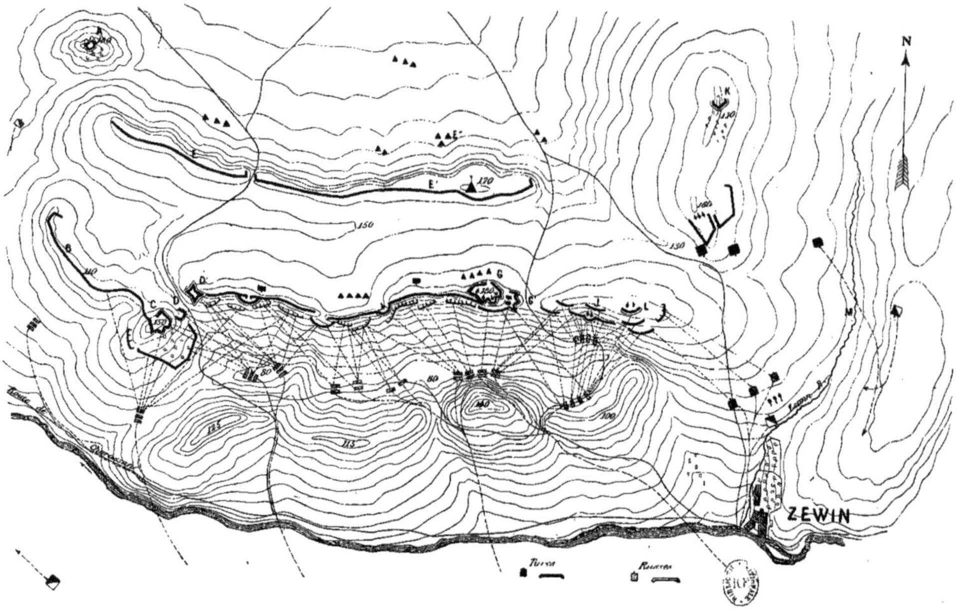

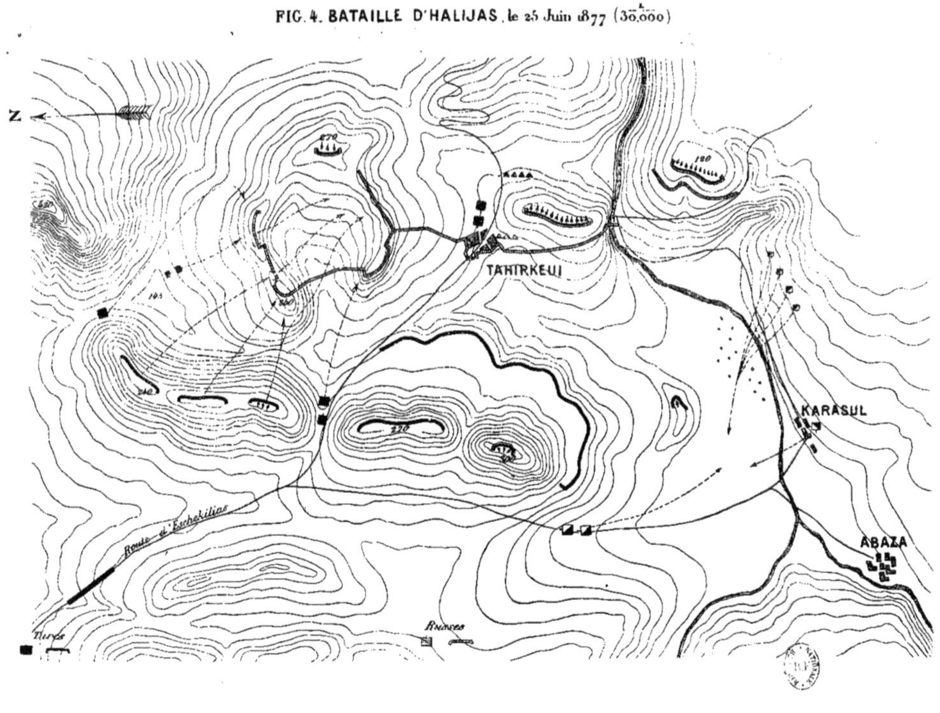

FIG. 4. BATAILLE D'HALIJAS, le 25 Juin 1877 (1/30,000)
Z
TAHIRKEUI
KARASUL
ABAZA
Route d'Eschekilias
Turcs
Russes

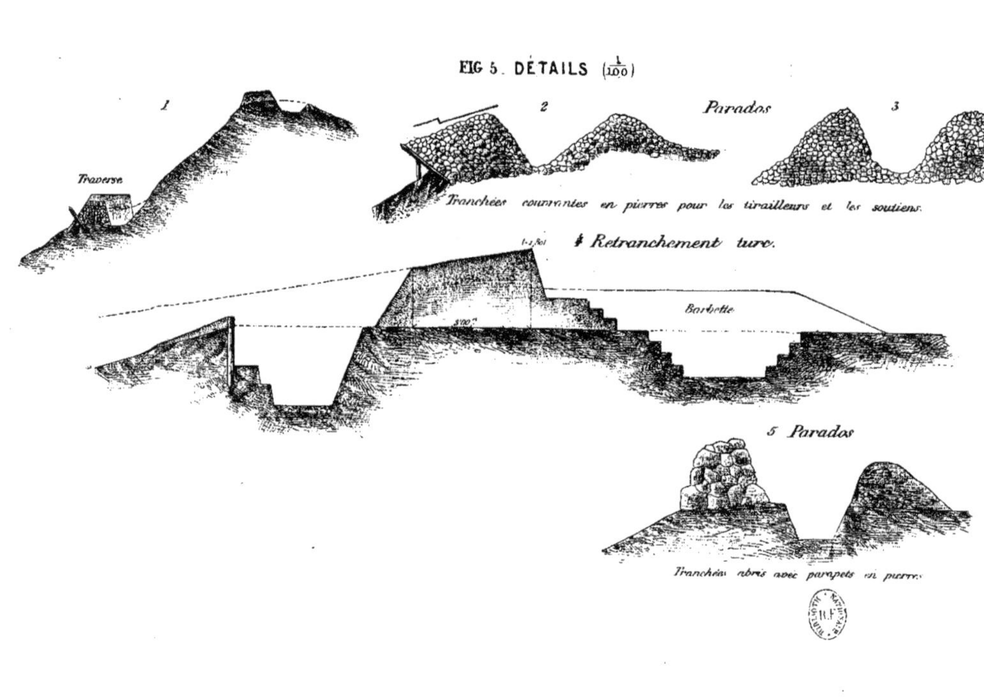

FIG 5. DÉTAILS ($\frac{1}{100}$)
1
2
Parados
3
Traverse
Tranchées couvrantes en pierres pour les tirailleurs et les soutiens.
Retranchement turc.
Barbette
5 Parados
Tranchées abris avec parapets si pierres.